Bibliothek der Mediengestaltung

Konzeption, Gestaltung, Technik und Produktion von Digital- und Printmedien sind die zentralen Themen der Bibliothek der Mediengestaltung, einer Weiterentwicklung des Standardwerks Kompendium der Mediengestaltung, das in seiner 6. Auflage auf mehr als 2.700 Seiten angewachsen ist. Um den Stoff, der die Rahmenpläne und Studienordnungen sowie die Prüfungsanforderungen der Ausbildungs- und Studiengänge berücksichtigt, in handlichem Format vorzulegen, haben die Autoren die Themen der Mediengestaltung in Anlehnung an das Kompendium der Mediengestaltung neu aufgeteilt und thematisch gezielt aufbereitet. Die kompakten Bände der Reihe ermöglichen damit den schnellen Zugriff auf die Teilgebiete der Mediengestaltung.

Weitere Bände in der Reihe http://www.springer.com/series/15546

Peter Bühler
Patrick Schlaich
Dominik Sinner

Datenmanagement

Daten – Datenbanken – Datensicherheit

Springer Vieweg

Peter Bühler
Affalterbach, Deutschland

Patrick Schlaich
Kippenheim, Deutschland

Dominik Sinner
Konstanz-Dettingen, Deutschland

ISSN 2520-1050 ISSN 2520-1069 (electronic)
Bibliothek der Mediengestaltung
ISBN 978-3-662-55506-4 ISBN 978-3-662-55507-1 (eBook)
https://doi.org/10.1007/978-3-662-55507-1

Die Deutsche Nationalbibliothek verzeichnet diese Publikation in der Deutschen Nationalbibliografie; detaillierte bibliografische Daten sind im Internet über http://dnb.d-nb.de abrufbar.

Springer Vieweg

Springer Vieweg ist ein Imprint der eingetragenen Gesellschaft Springer-Verlag GmbH, DE und ist ein Teil von Springer Nature
Die Anschrift der Gesellschaft ist: Heidelberger Platz 3, 14197 Berlin, Germany

Vorwort

The Next Level – aus dem Kompendium der Mediengestaltung wird die Bibliothek der Mediengestaltung.

Im Jahr 2000 ist das „Kompendium der Mediengestaltung" in der ersten Auflage erschienen. Im Laufe der Jahre stieg die Seitenzahl von anfänglich 900 auf 2700 Seiten an, so dass aus dem zunächst einbändigen Werk in der 6. Auflage vier Bände wurden. Diese Aufteilung wurde von Ihnen, liebe Leserinnen und Leser, sehr begrüßt, denn schmale Bände bieten eine Reihe von Vorteilen. Sie sind erstens leicht und kompakt und können damit viel besser in der Schule oder Hochschule eingesetzt werden. Zweitens wird durch die Aufteilung auf mehrere Bände die Aktualisierung eines Themas wesentlich einfacher, weil nicht immer das Gesamtwerk überarbeitet werden muss. Auf Veränderungen in der Medienbranche können wir somit schneller und flexibler reagieren. Und drittens lassen sich die schmalen Bände günstiger produzieren, so dass alle, die das Gesamtwerk nicht benötigen, auch einzelne Themenbände erwerben können. Deshalb haben wir das Kompendium modularisiert und in eine Bibliothek der Mediengestaltung mit 26 Bänden aufgeteilt. So entstehen schlanke Bände, die direkt im Unterricht eingesetzt oder zum Selbststudium genutzt werden können.

Bei der Auswahl und Aufteilung der Themen haben wir uns – wie beim Kompendium auch – an den Rahmenplänen, Studienordnungen und Prüfungsanforderungen der Ausbildungs- und Studiengänge der Mediengestaltung orientiert. Eine Übersicht über die 26 Bände der Bibliothek der Mediengestaltung finden Sie auf der rechten Seite. Wie Sie sehen, ist jedem Band eine Leitfarbe zugeordnet, so dass Sie bereits am Umschlag erkennen, welchen Band Sie in der Hand halten. Die Bibliothek der Mediengestaltung richtet sich an alle, die eine Ausbildung oder ein Studium im Bereich der Digital- und Printmedien absolvieren oder die bereits in dieser Branche tätig sind und sich fortbilden möchten. Weiterhin richtet sich die Bibliothek der Mediengestaltung auch an alle, die sich in ihrer Freizeit mit der professionellen Gestaltung und Produktion digitaler oder gedruckter Medien beschäftigen. Zur Vertiefung oder Prüfungsvorbereitung enthält jeder Band zahlreiche Übungsaufgaben mit ausführlichen Lösungen. Zur gezielten Suche finden Sie im Anhang ein Stichwortverzeichnis.

Ein herzliches Dankeschön geht an Herrn Engesser und sein Team des Verlags Springer Vieweg für die Unterstützung und Begleitung dieses großen Projekts. Wir bedanken uns bei unserem Kollegen Joachim Böhringer, der nun im wohlverdienten Ruhestand ist, für die vielen Jahre der tollen Zusammenarbeit. Ein großes Dankeschön gebührt aber auch Ihnen, unseren Leserinnen und Lesern, die uns in den vergangenen fünfzehn Jahren immer wieder auf Fehler hingewiesen und Tipps zur weiteren Verbesserung des Kompendiums gegeben haben.

Wir sind uns sicher, dass die Bibliothek der Mediengestaltung eine zeitgemäße Fortsetzung des Kompendiums darstellt. Ihnen, unseren Leserinnen und Lesern, wünschen wir ein gutes Gelingen Ihrer Ausbildung, Ihrer Weiterbildung oder Ihres Studiums der Mediengestaltung und nicht zuletzt viel Spaß bei der Lektüre.

Heidelberg, im Frühjahr 2019
Peter Bühler
Patrick Schlaich
Dominik Sinner

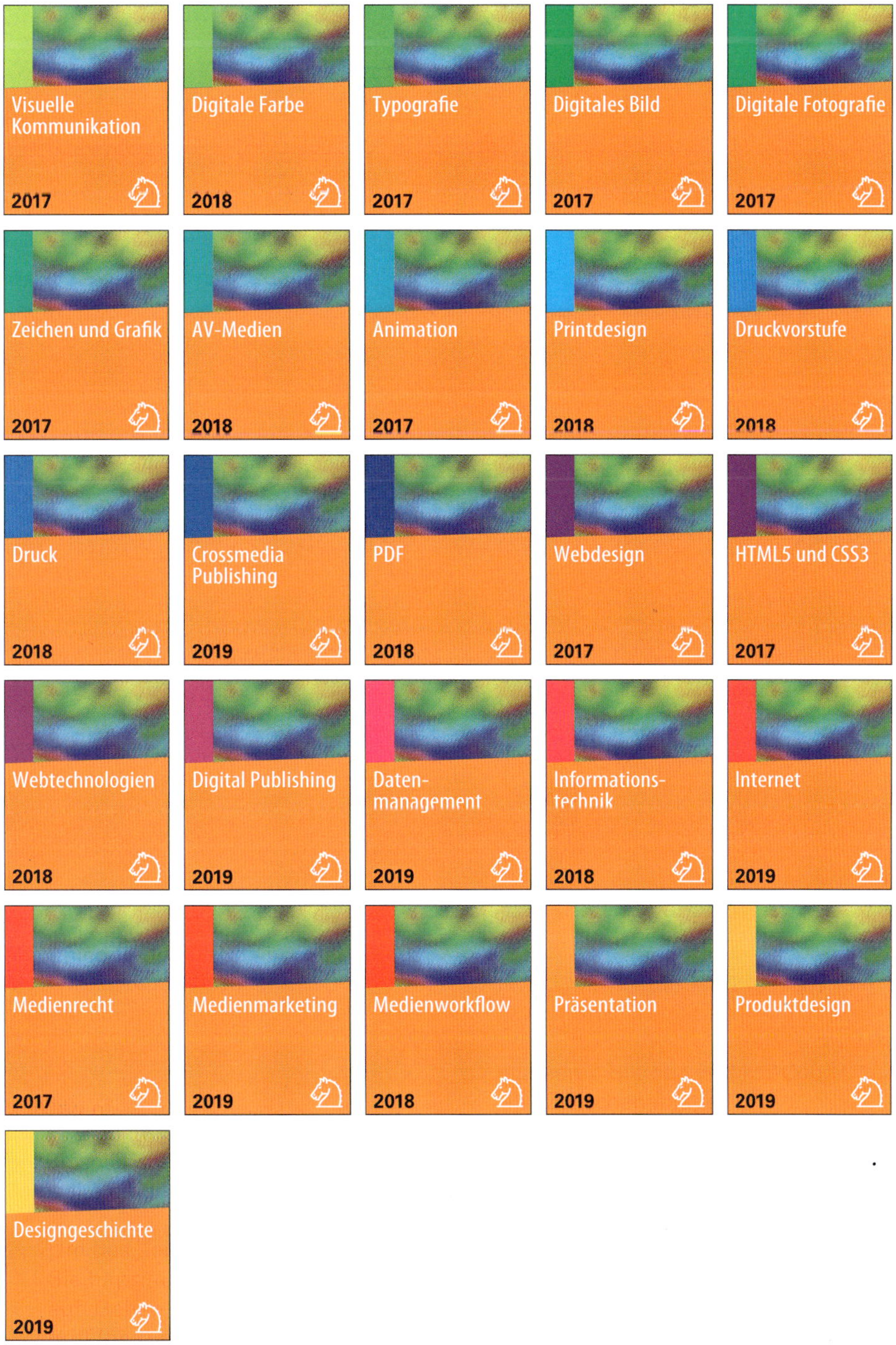

Bibliothek der Mediengestaltung

Titel und Erscheinungsjahr

Weitere Informationen:
www.bi-me.de

Inhaltsverzeichnis

1 Digitale Daten 2

2 Dateien 36

3 Datenbanken 50

4 Datenschutz – Datensicherheit 80

5 Anhang 98

1.1 Einführung

Digitale Welt
Die fortschreitende Digitalisierung verändert nicht nur unsere Arbeitswelt (Industrie 4.0), sondern zunehmend auch unseren Alltag.

Digitalisierung ist das Schlagwort dieser Zeit. Es vergeht kaum eine Woche, in der in den Medien nicht über Digitalisierung, die digitale Gesellschaft und sogar digitale Bildung berichtet wird.

In der Tat scheinen die Veränderungen unserer Gesellschaft und unseres gesamten Lebens durch die Digitalisierung so grundlegend zu werden, dass man heute von einer *digitalen Revolution* spricht. Jede Revolution hat jedoch per Definition einen politischen und gesellschaftlichen Umsturz zur Folge, so dass heute noch gar nicht absehbar ist, welche Auswirkungen die Digitalisierung auf unser zukünftiges Leben haben wird. Einige Entwicklungen sind jedoch bereits im vollen Gange und sollen hier kurz zusammengefasst werden.

Industrie 4.0
Die Digitalisierung der Industrie wird, nach Erfindung der Dampfmaschine im 18. Jahrhundert und der Elektrizität Anfang des 20. Jahrhunderts, auch als dritte industrielle Revolution bezeichnet. Unter Industrie 4.0 versteht man die „intelligente" Fabrik, in der weitgehend oder komplett ohne Menschen produziert wird. Damit dies möglich wird, müssen sämtliche an einer Produktion beteiligten Maschinen und Werkstoffe miteinander vernetzt werden, um kommunizieren zu können. Bildlich gesprochen sagen dabei die Werkstoffe den Maschinen und Automaten, was sie mit ihnen machen sollen, um zum gewünschten Endprodukt zu werden.

Der Mensch wird hierbei allenfalls noch zur Überwachung benötigt, und auch diese Aufgabe wird immer häufiger von Software übernommen. Der Wegfall von industriellen Arbeitsplätzen, insbesondere im Bereich der niedrig qualifizierten Tätigkeiten, ist damit unausweichlich.

Künstliche Intelligenz (KI)
KI, auch als AI (für artificial intelligence) bezeichnet, ist das Bestreben, Software mit Intelligenz zu versehen. Hierdurch wird es möglich, dass Computerprogramme lernfähig werden, logische

P. Bühler et al., *Datenmanagement*, Bibliothek der Mediengestaltung, https://doi.org/10.1007/978-3-662-55507-1_1

Schlüsse ziehen und Entscheidungen treffen können, ohne dass ein Mensch eingreifen muss.

An KI wird schon viele Jahrzehnte geforscht, doch erst die heute verfügbare Rechenpower, mit der gigantische Datenmengen in kurzer Zeit ausgewertet und verarbeitet werden können, brachte durchschlagende Erfolge. Sie erinnern sich vielleicht an Deep Blue, einen Computer, dem es 1996 gelang, den Schachweltmeister Garri Kasparow zu besiegen. Es dürfte nur eine Frage der Zeit sein, bis Software dem Menschen bei vielen alltäglichen Aufgaben überlegen sein wird. Für KI sind unzählige Anwendungen denkbar und teilweise auch schon verfügbar, z. B.

- intelligente Software bei Suchmaschinen oder zur Übersetzung,
- Bild-, Muster- oder Gesichtserkennung,
- Spracherkennung oder -steuerung,
- Diagnose- und Expertensystem in der Medizin,
- humanoide Roboter, autonome, also führerlose Fahrzeuge,
- autonome, also selbstständig handelnde Waffensysteme.

Cloud Computing

Datenspeicherung in der Cloud (dt.: Wolke) ist zum Überbegriff für Nutzung von Speicherplatz im Internet geworden. Dieser steht in nahezu unbegrenzter Menge zur Verfügung, weil das Internet durch Millionen von Computern aufgebaut ist und jeder dieser Rechner eine Festplatte besitzt. Man schätzt die Gesamtkapazität des Internets auf mehrere Tausend Exabyte[1].

Die Idee liegt also nahe, diese riesigen Datenspeicher nicht ungenutzt zu lassen. Zahllose Anbieter stellen deshalb Cloud-Speicher kostenlos oder kostenpflichtig zur Verfügung.

Der große Vorteil eines Cloud-Speichers besteht darin, dass die Daten auf jedem Computer zur Verfügung stehen, solange dieser mit dem Internet verbunden ist. Nachteilig ist das Risiko, dass die Daten abgegriffen und für andere Zwecke verwendet werden. Personenbezogene oder andere wichtige Daten müssen also auf jeden Fall verschlüsselt werden.

Augmented Reality

Eine für Medienschaffende interessante Möglichkeit der Kombination von Daten mit realen Informationen bietet Augmented Reality, was frei übersetzt „erweiterte Realität" bedeutet. Hierbei werden Bilder, die von (Smartphone-) Kameras erfasst werden, um digitale Informationen ergänzt. Beispiele sind:

- Beschreibungen von Sehenswürdigkeiten in Städten
- Zusatzinformationen zu realen Maschinen oder Objekten
- Head-up-Displays auf der Windschutzscheibe des Autos
- Produktbeschreibungen und Preise zu ausgestellten Waren in Schaufenstern

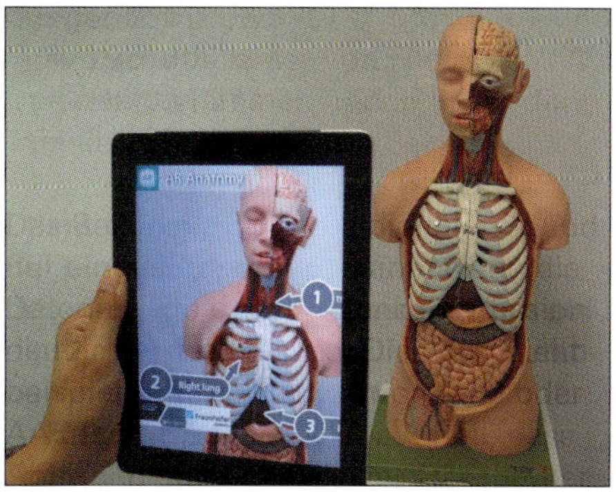

Augmented Reality kombiniert die Bilder einer Kamera mit Zusatzinformationen, hier zu Lehrzwecken.

1 Ein Computer hat eine Festplatte von typischerweise 1 TB (Terabyte). 1 Exabyte entspricht 1 Milliarde Terabyte, also 1 Milliarde Festplatten.

- Dreidimensionale Darstellungen in Fach- oder Schulbüchern
- Übersetzungen von Schildern in die deutsche Sprache bei Auslandsreisen

Der Fantasie sind keine Grenzen gesetzt und man darf gespannt sein, was uns in den nächsten Jahren erwartet.

Internet der Dinge

Noch vor einigen Jahren war die Anzahl an Internetadressen stark begrenzt. Mittlerweile wurden diese sogenannten IP-Adressen (auf IPv6) umgestellt und stehen in so großer Zahl zur Verfügung, dass jedes beliebige Gerät einen eigenen Internetzugang erhalten kann: vom Kühlschrank bis zur Klimaanlage, vom Auto bis zum Anorak.

Damit bieten sich beliebige Möglichkeiten zur Vernetzung der realen mit der virtuellen Welt: Der Kühlschrank bestellt Butter nach, die Klimaanlage stellt sich nach Wettervorhersage ein, das Auto vereinbart einen Wartungstermin mit der Werkstatt und der Anorak beheizt sich elektrisch, wenn es kälter wird.

Big Data

Kreditkartenzahlung, GPS-Ortung, Überwachungskameras, Google-Suchanfragen, Onlinebestellungen, Nutzen sozialer Netze, Fitnessarmband usw. – rund um die Uhr und überall hinterlassen wir unsere Datenspuren. Die hierbei entstehenden Datenmengen sind so groß, dass ihre Auswertung schon lange nicht mehr durch Menschen erfolgen kann. Die maschinelle Auswertung riesiger Datenmengen ist jedoch möglich und wird auch in großem Stil betrieben. Nicht nur Firmen und Behörden, sondern leider ganze Staaten wollen möglichst viel über ihre Mitarbeiter, Kunden oder Mitbürger in Erfahrung bringen.

Personenbezogene Daten werden in Zukunft so wichtig sein wie einst Gold oder Öl. Im besten Fall geht es bei Rückschlüssen aus diesen Daten „nur" um Geld, im schlimmsten Fall drohen Repressionen oder Gefängnis.

Der Preis, den wir für die – überwiegend – freiwillige Herausgabe unserer Daten bezahlen, kann also hoch sein. Die Gegenfrage lautet jedoch: Kann man sich Big Data überhaupt noch entziehen?

In diesem Buch

gehen wir den zentralen Fragen rund um das Thema Daten und Datenmanagement in der Medienproduktion nach.

In *Kapitel 1* klären wir zunächst, wie Digitalisierung, also die Umwandlung analoger Informationen in binäre Zahlenfolgen, funktioniert und wie sich auf diese Weise Sprache, Musik, Farben, Bilder, Texte usw. mit Hilfe von Computern verarbeiten lassen.

Der Frage, wie sich Daten in Form von Dateien organisieren und in strukturierter Form speichern lassen, gehen wir in *Kapitel 2* nach. Hier finden Sie auch eine Übersicht über Dateiformate, die in der Mediengestaltung und -produktion eine Rolle spielen.

Eine Einführung in den Entwurf, die Erstellung und Pflege von Datenbanken erhalten Sie in *Kapitel 3*. Datenbanken spielen sowohl im Bereich der Printmedien als auch bei den Digitalmedien eine zentrale Rolle.

Kapitel 4 beschäftigt sich schließlich mit Fragen rund um das Thema Datensicherheit, den Schutz der Daten vor Verlust, und um das Thema Datenschutz, den Schutz der Daten vor unerlaubtem Zugriff. Beides sind Themengebiete, die – wie oben angedeutet – weit über die Medienwirtschaft hinaus für uns alle von elementarer Bedeutung sind.

1.2 Digitalisierung

Wir leben glücklicherweise nicht in der (digitalen) Matrix[1], sondern in einer durch und durch analogen Welt mit Licht, Farben, Temperatur, Luftdruck, Vogelgezwitscher.

Allen analogen Daten gemeinsam ist dass sie *zeitkontinuierlich* und *wertkontinuierlich* sind. Zeitkontinuierlich bedeutet, dass sich diese Daten im Zeitverlauf nicht sprunghaft verändern: Bei Sonnenuntergang wird es langsam dunkler, kühler, leiser.

Wertkontinuierlich bedeutet, dass sich die Werte analoger Daten nicht sprunghaft verändern: Das Licht bzw. die Farben des Himmels verändern sich fließend. Dies gilt auch für den Farbübergang von gelb (Blume) zu grün (Gras), nur dass wir diesen Farbverlauf nicht wahrnehmen.

Das Problem ist, dass Computer mit zeit- und wertkontinuierlichen Daten nichts anfangen können, da es sich dabei um unendliche viele Informationen handelt. Das Wort *Digitalisierung* kommt vom lateinischen Wort *digitus* (dt.: Finger). Und mit unseren Fingern haben wir irgendwann einmal das Zählen oder Abzählen gelernt. Digitalisieren heißt, analoge Daten (ab-)zählbar zu machen.

1.2.1 Analog-digital-Wandlung

Computer können ausschließlich Zahlen verarbeiten. Daraus folgt, dass alle analogen Daten zur Verarbeitung durch einen Computer in Zahlen umgewandelt werden müssen. Dieser Vorgang wird als Analog-digital-Wandlung bezeichnet. Wir sehen uns dies am Beispiel einer Digitalkamera an.

1 „Matrix" ist ein Film aus dem Jahr 1999, in dem unsere scheinbar reale Welt lediglich eine digitale Simulation ist, aus der sich nur wenige befreien konnten.

Analoges Bild

Ein analoges Bild besteht aus unendlich vielen Bildpunkten und aus unendlich vielen Farben. Eine Verarbeitung durch einen Computer ist nicht möglich.

Abtastung (Sampling)

Bei einer Digitalkamera gelangt das Licht (dessen Wellenlänge für die Farbempfindung verantwortlich ist) auf einen CCD-Sensor im Rückteil der Kamera. CCD-Sensoren sind in der Lage, Lichtenergie in eine elektrische Spannung umzuwandeln. Dieser

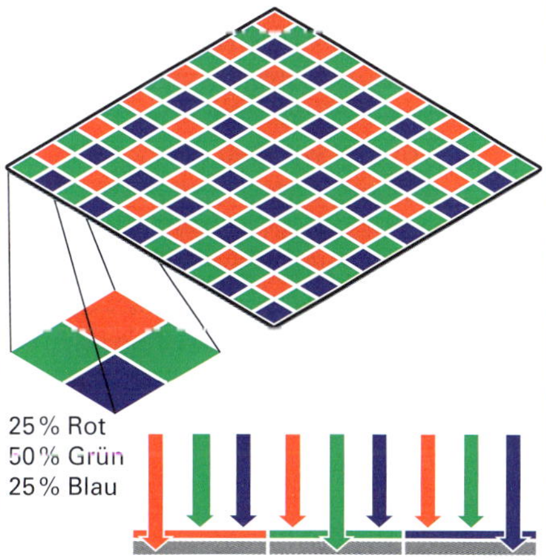

Die roten, grünen und blauen Farbfilter auf den Sensorelementen transmittieren nur Licht in ihrer Eigenfarbe.

CCD-Sensor

Herzstück einer Digitalkamera ist ihr CCD-Sensor, der für die Digitalisierung des Lichts zuständig ist. Die Grafik zeigt eine sogenannte Bayer-Matrix.

Messvorgang wird als *Abtastung* (engl.: Sampling) bezeichnet. Damit aus der gemessenen Lichtenergie letztlich Farben werden, ist jeder CCD-Sensor schachbrettartig in kleine Quadrate aufgeteilt (siehe Grafik auf Seite 5). Mit Hilfe von roten, grünen bzw. blauen Farbfiltern vor jedem kleinen Quadrat gelingt es, lediglich den roten, grünen bzw. blauen Anteil des Lichts zu messen. Jeweils vier, nämlich ein rotes, zwei grüne und ein blaues Quadrat ergeben später ein einzelnes Pixel.

Vermutlich fragen Sie sich, weshalb der Grünanteil eines Pixels doppelt so hoch ist wie bei Rot und Blau. Dies hat den Grund, dass sich die Augen unserer Vorfahren optimal an die Natur angepasst haben, und wir aus diesem Grund bis heute Grüntöne viel besser sehen als Rot- oder Blautöne. Biologisch betrachtet sind wir Homo Sapiens noch immer Jäger und Sammler! Es macht daher Sinn, auch bei der Messung die grünen Lichtanteile stärker zu berücksichtigen als die roten und blauen.

Nach Betätigung des Auslösers ist aus dem zeitkontinuierlichen ein *zeitdiskretes* Signal geworden, weil zu einer festen Zeit eine feste Anzahl an Messwerten ermittelt wurden. Die Anzahl an Messwerten ergibt sich aus der Größe des CCD-Sensors, z. B. 10 Megapixel. Die an jedem einzelnen Quadrat des CCD-Sensors entstandene elektrische Spannung ist allerdings noch immer analog.

1.2.2 Quantisierung

Im zweiten Schritt müssen die gemessenen Spannungen in eine Zahl umgewandelt werden. Dieser Vorgang der Umwandlung der analogen Messwerte in digitale Daten wird als *Quantisierung* bezeichnet. Nun stellt sich die Frage, wie viele Zahlen notwendig sind, um den Messwert genau genug zu erfassen, denn jede Quantisierung bringt zwangsläufig eine geringe Verfälschung des Messwerts mit sich. Werden beispielsweise 2,547 mV (Millivolt) gemessen und 2,5 mV gespeichert, dann ergibt dies einen Fehler von knapp 2 %.

Bei der Quantisierung muss also darauf geachtet werden, dass der entstehende Fehler so gering ist, dass er vom Menschen nicht wahrgenommen wird. Diese Überlegungen wurden bei der Entwicklung des RGB-Farbsystems berücksichtigt. Wie Sie wissen (oder im Band *Digitales Bild* in dieser Buchreihe nachlesen können), besitzt das RGB-Farbsystem 256 Werte pro Farbkanal. Durch die Kombination von 256 Rot-,

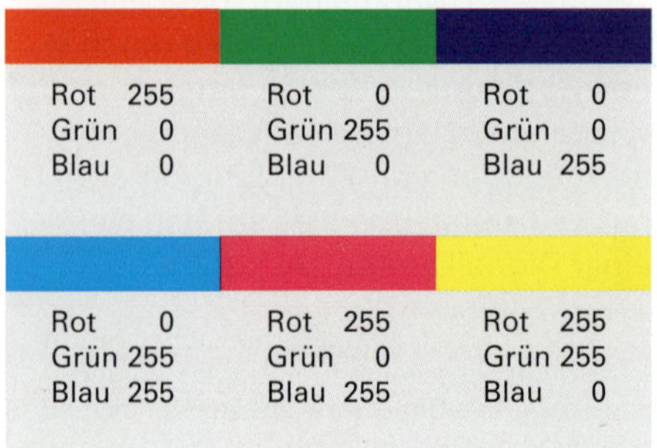

256 Grün- und 256 Blauanteilen ergeben sich 256^3 = 16,7 Millionen mögliche Zahlen und damit Farbwerte. In der Grafik links unten ist dargestellt, wie sich durch additive Farbmischung aus Rot, Grün und Blau die Sekundärfarben Cyan, Magenta und Gelb ergeben. Weiß erhält man, wenn alle drei Farbanteile den Maximalwert 255 besitzen, Schwarz, wenn alle drei Werte 0 sind.

Dass der Maximalwert 255 und nicht 256 beträgt, liegt daran, dass die Null mitgezählt wird und sich somit von 0 bis 255 insgesamt 256 Werte ergeben.

Durch die Quantisierung wurden aus den wertkontinuierlichen *wertdiskrete* Daten. Damit ist die Digitalisierung abgeschlossen: Das analoge Bild mit unendlich vielen Informationen wurde durch den CCD-Sensor gerastert und den roten, grünen oder blauen Quadraten dieses Rasters wurden Zahlen zwischen 0 und 255 zugewiesen.

1.2.3 Binäre Daten

Obwohl uns nach der Analog-digital-Wandlung ein digitales Bild vorliegt, kann ein Computer damit immer noch nichts anfangen.

Der Grund hierfür ist, dass der Mikroprozessor eines Computers aus einer sehr großen Anzahl von elektronischen Schaltern (Transistoren) besteht. Diese können – wie alle Schalter – nur die beiden Zustände Ein und Aus annehmen. Um mit Hilfe von Schaltern Daten verarbeiten und speichern zu können, müssen diese auf zwei Zustände reduziert werden. Hierzu ist es erforderlich, alle Zahlen als Folge aus Nullen und Einsen darzustellen. Man spricht in diesem Fall von *binären Daten*. Ein binäres Signal ist also ein digitales Signal, bei dem genau zwei Werte vorkommen: null oder eins.

Digitales Bild

Bei der Aufnahme wird sowohl die Anzahl der Bildpunkte (Pixel) als auch die Anzahl der Farben begrenzt. Das Beispiel zeigt eine massive Verschlechterung der Bildqualität – bei heutigen Kameras ist ein Qualitätsverlust nicht erkennbar.

Auf die Umrechnung dezimaler in binäre Zahlen gehen wir in Kapitel 1.4 ein. Wie Sie in der Grafik unten sehen, ergibt sich z. B. aus dem Wert 255 eine Ziffernfolge von acht Einsen. Hierfür ist ein Speicherplatz von 8 Bit = 1 Byte erforderlich (siehe nächste Seite). Um den RGB-Wert eines Pixels abzuspeichern, wird ein Speicherplatz von 24 Bit oder 3 Byte benötigt.

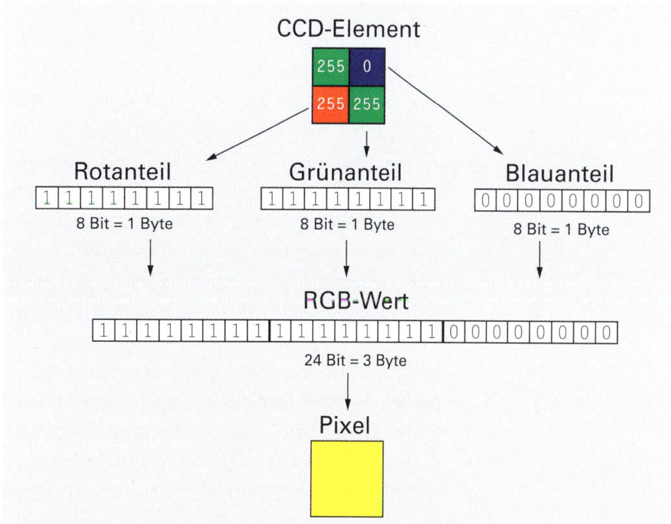

1.3 Kennwerte und Einheiten

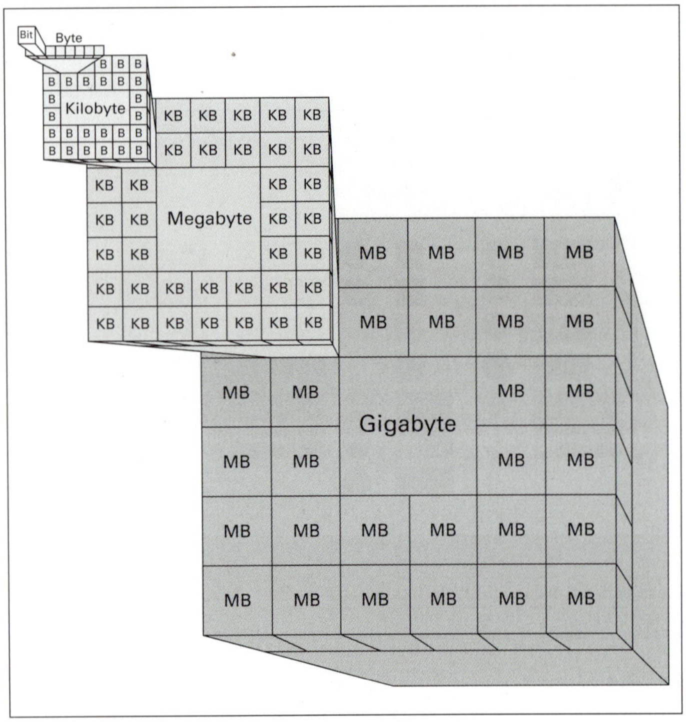

Speichereinheiten

Kleinste Speichereinheit ist das Bit, acht Bit ergeben ein Byte. Bei den Vielfachen wird üblicherweise mit Faktor 1.024 gerechnet: 1.024 Byte ergeben ein Kilobyte.

In diesem Buch geht es um digitale Daten und deren Management. Bevor wir uns in den nächsten Kapiteln anschauen, wie sich Zahlen, Texte, Bilder, Grafiken, Sound und Video in binäre Daten umwandeln lassen, sehen wir uns die physikalische Größe binärer Informationen und deren Einheiten genauer an.

1.3.1 Bit und Byte

Um binäre Daten verarbeiten zu können, müssen diese gespeichert werden. Wie wir gesehen haben, besteht dabei die kleinste binäre Information aus einer Ziffer, die entweder den Wert „0" oder „1" annehmen kann. Für diese Speichereinheit wurde aus der englischen Übersetzung von *bi*nary digi*t* das Kunstwort *Bit* geschaffen. Bereits zur Codierung eines einzigen Buchstabens sind acht Bit erforderlich (siehe Seite 12). Acht Bit werden als *Byte* bezeichnet. Zur Unterscheidung wird für Bit die Einheit [Bit] und für Byte die Einheit [B] verwendet.

1.3.2 Kilo, Mega, Giga

Um ganze Texte, Songs oder Videos abzuspeichern, sind sehr viele Bits bzw. Bytes erforderlich. Aus diesem Grund wurden Vielfache definiert, wie wir sie auch aus unserem Alltag, z. B. Kilogramm oder Megawatt, kennen. Da die Zahlenbasis im Binärsystem 2 ist, wird für Kilo nicht 1.000, sondern 2^{10} = 1.024 verwendet. Ein Kilobyte[1] [KB] sind also 1.024 Byte. Zur Unterscheidung wird ein großes „K" verwendet. Diese Reihe kann nun fortgesetzt werden: 1.024 Kilobyte ergeben ein Megabyte [MB], 1.024 Megabyte ein Gigabyte [GB].

Datenmengen

Name	Einheit	Anzahl
Bit	[Bit]	2^0 Bit = 1 Bit
Kilobit	[KBit]	2^{10} Bit = 1.024 Bit
Megabit	[MBit]	2^{20} Bit= 1.024 Kilobit
Gigabit	[GBit]	2^{30} Bit= 1.024 Megabit
Terabit	[TBit]	2^{40} Bit= 1.024 Gigabit
Petabit	[PBit]	2^{50} Bit= 1.024 Terabit
Name	**Einheit**	**Anzahl**
Byte	[B]	2^3 Bit = 8 Bit
Kilobyte	[KB]	2^{10} Byte= 1.024 Byte
Megabyte	[MB]	2^{20} Byte= 1.024 Kilobyte
Gigabyte	[GB]	2^{30} Byte= 1.024 Megabyte
Terabyte	[TB]	2^{40} Byte= 1.024 Gigabyte
Petabyte	[PB]	2^{50} Byte= 1.024 Terabyte

1 Gemäß Norm lautet die korrekte Schreibweise nicht Kilobyte, sondern KibiByte und wird [KiB] abgekürzt. Damit soll eine Unterscheidung zwischen Kilo für 1.000 und Kilo für 1.024 getroffen werden. Diese Schreibweise hat sich jedoch nicht durchgesetzt, so dass wir darauf verzichten.

Beispielrechnung
Wir berechnen die Datenmenge eines RGB-Bildes der Größe 1.920 · 1.080 Pixel. (Man spricht hier von Full HD.) Wie wir im letzten Abschnitt gesehen haben, ergibt sich bei RGB-Bildern ein Speicherplatzbedarf von 24 Bit *pro Pixel*.

```
1.920 · 1.080 · 24 Bit
  = 49.766.400 Bit     |:8
  = 6.220.800 B        |:1.024
  = 6.075 KB           |:1.024
  = 5,93 MB
```

Mit diesen Zahlen verhält es sich ähnlich, wie wenn wir von großen Geldbeträgen (Million, Milliarde) hören: Uns fehlt die Vorstellung, wie viel dies tatsächlich ist. Aus diesem Grund betrachten wir einmal eine 1-Terabyte-Festplatte, die heute typischerweise im Computer verbaut ist, und rechnen aus, wie viele Dateien auf diese Festplatte passen. Bei der Berechnung gehen wir davon aus, dass je ein Viertel der Platte für Texte, Songs, Bilder und Videos verwendet wird. Wie Sie sehen, ist ein Terabyte eine riesige Datenmenge:

Dateien auf einer Terabyte-Platte

Anzahl	Dateiart	Daten[1]	Gesamt
67.108.864	Text (einseitig)	16 KB	0,25 TB
87.381	MP3 (3 min)	3 MB	0,25 TB
43.690	Bild (15 x 10 cm)	6 MB	0,25 TB
55	DVD-Video	4,6 GB	0,25 TB
			= 1 TB

1) Die Werte sind als Beispiele zu verstehen

1.3.3 Datenmenge – Datenrate

Bisher haben wir über *Datenmengen* gesprochen, die in Bit, Byte und den Vielfachen Kilobyte, Megabyte usw. angegeben werden.

Eine weitere Größe, die eine große Rolle spielt, ist die *Geschwindigkeit*, mit der Daten z. B. im Internet oder in einem lokalen Netzwerk (LAN) übertragen werden. Sie wird in der Einheit Bit pro Sekunde [Bit/s] oder Byte pro Sekunde [B/s] angegeben und als *Daten-* oder *Bitrate* bezeichnet.

Wie bei Datenmengen werden auch hier die Vielfachen mit Kilo, Mega und Giga angegeben. Leider ist man hier nicht konsequent gewesen und verwendet den Wert 1.000 (und nicht 1.024). Ein Kilobit/s [kBit/s] sind 1.000 Bit/s, ein Kilobyte/s [kB/s] sind 1.000 B/s[2].

Datenraten

Name	Einheit	Anzahl
Bit pro Sekunde	[Bit/s]	1 Bit/s
Kilobit pro Sekunde	[kBit/s]	1 kBit/s = 1.000 Bit/s
Megabit pro Sekunde	[MBit/s]	1 MBit/s = 1.000 kBit/s
Gigabit pro Sekunde	[GBit/s]	1 GBit/s = 1.000 MBit/s
Name	**Einheit**	**Anzahl**
Byte pro Sekunde	[B/s]	1 B/s
Kilobyte pro Sekunde	[kB/s]	1 kB/s = 1.000 B/s
Megabyte pro Sek.	[MB/s]	1 MB/s = 1.000 kB/s
Gigabyte pro Sekunde	[GB/s]	1 GB/s = 1.000 MB/s

Beispielrechnung
Das Bild der Größe 1.920 · 1.080 Pixel soll in 0,5 s übertragen werden. Die bestehende Internetverbindung schafft durchschnittlich 100 MBit/s. Ist die Übertragung in dieser Zeit möglich?

```
49.766.400 Bit : 0.5s
  = 99.532.800 Bit/s     |:1.000
  = 99.532,8 kBit/s      |:1.000
  = 99,5 MBit/s
```

Ja, die Übertragung ist gerade noch möglich.

2 Zur Unterscheidung verwenden wir ein kleines „k" für 1.000 und ein großes „K" für 1.024. Bei M(ega) ist diese Unterscheidung nicht möglich, weil „m" schon für Meter reserviert ist.

1.4 Digitale Zahlen

1.4.1 Dezimalsystem

Zum Verständnis des binären Zahlensystems ist es hilfreich, zunächst einen Blick auf das uns vertraute Dezimalsystem zu werfen. Dieses Zahlensystem besteht aus zehn Ziffern von 0 bis 9 und der Zahlenbasis 10. In der Grundschule haben wir gelernt, wie sich eine Zahl aus Ziffern und Basis zusammensetzt:

Darstellung einer Dezimalzahl π

$5 \cdot 10^0 + 6 \cdot 10^1 + 3 \cdot 10^2$
$= 5 + 60 + 300$
$= 365$

Aus der Position der Ziffer – also die Einer, Zehner, Hunderter – ergibt sich der jeweilige Exponent für die Zahlenbasis 10. Wichtig ist, dass von rechts immer mit dem Exponent null begonnen wird (x^0 ergibt per Definition immer 1).

1.4.2 Binärsystem

Nach diesen Vorüberlegungen ist der Aufbau des Binärsystems leicht zu verstehen. Das Zahlensystem enthält lediglich die beiden Ziffern 0 und 1 und besitzt die Zahlenbasis 2. Der Aufbau einer Zahl erfolgt analog zum Dezimalsystem durch fortlaufende Multiplikation von Ziffern mit der Basis 2 hoch Stellenzahl beginnend mit 0:

Darstellung einer Binärzahl π

101101101 b (b steht für binär)
$= 1 \cdot 2^0 + 0 \cdot 2^1 + 1 \cdot 2^2 + 1 \cdot 2^3 + 0 \cdot 2^4 + 1 \cdot 2^5 + 1 \cdot 2^6 + 0 \cdot 2^7 + 1 \cdot 2^8$
$= 1 + 0 + 4 + 8 + 0 + 32 + 64 + 0 + 256$
$= 365$

Zur Darstellung der Dezimalzahl 365 im Binärsystem ist also die Ziffernfolge `101101101b` notwendig. Durch das „b" wird angedeutet, dass es sich um eine Binärzahl und nicht um eine Dezimalzahl handelt. Zur weiteren Unterscheidung sind die Binärzahlen immer als einzelne Ziffern – also Eins-Null-Eins-Eins-Null-Eins-Eins-Null-Eins – zu lesen.

Beim Vergleich von Dezimal- mit Binärzahlen erkennen Sie, dass für die Darstellung der gleichen Zahl im Binärsystem wesentlich mehr Stellen benötigt werden. So lassen sich im Dezimalsystem mit acht Stellen 10^8 oder 100 Millionen Zahlen von 0 bis 99.999.999 darstellen. Im Binärsystem sind mit acht Stellen nur 2^8 oder 256 unterschiedliche Zahlen möglich, wobei die kleinste Zahl `0b` und die größte Zahl `11111111b` (255) lautet.

Der Nachteil des binären Zahlensystems besteht also darin, dass die Zahlen groß werden und damit viel Speicherplatz belegen.

Dezimal- in Binärzahl umrechnen
Oft ist es erforderlich, dass die Zahlenkonvertierung in umgekehrter Richtung vom Dezimal- in das Binärsystem erfolgt. Auch diese Konvertierung ist nicht sonderlich schwierig und geschieht durch fortlaufende ganzzahlige Division der Dezimalzahl durch die Zahlenbasis 2 des Binärsystems.

Making of …

Als Beispiel rechnen wir die Zahl 365 in eine Binärzahl um.

1. Teilen Sie die Dezimalzahl ganzzahlig durch 2. Ganzzahlig heißt, dass sich keine Kommazahl (182,5) ergeben darf:
   `365 / 2 = 182` Rest: `1`

2. Notieren Sie den Rest, in diesem Fall: 1.

3 Teilen Sie das Ergebnis von Schritt 1 wieder durch 2:
182 / 2 = 91 Rest: 0

4 Notieren Sie den Rest, hier: 0.

5 Wiederholen Sie die Division durch 2 und das Notieren des Restes, bis das Ergebnis 0 ist:
91 / 2 = 45 Rest: 1
45 / 2 = 22 Rest: 1
22 / 2 = 11 Rest: 0
11 / 2 = 5 Rest: 1
5 / 2 = 2 Rest: 1
2 / 2 = 1 Rest: 0
1 / 2 = 0 Rest: 1

Leserichtung

6 Alle Reste von *unten nach oben* ergeben die Binärzahl: 101101101 b

1.4.3 Hexadezimalsystem

Das Hexadezimalsystem ist in der Computertechnik weit verbreitet, weil es sich zur kompakten Darstellung von Binärzahlen hervorragend eignet. Wie der Name sagt, besitzt es als Basis die Zahl 16 und benötigt somit 16 unterschiedliche Ziffern. Da unser Dezimalsystem nur Ziffern von 0 bis 9 zur Verfügung stellt, werden fünf Buchstaben von A bis F hinzugenommen. Das „A" entspricht dabei der 10., „B" der 11., „C" der 12., „D" der 13., „E" der 14. und „F" der 15. Ziffer.

Der Aufbau einer Zahl erfolgt analog zum Dezimalsystem durch fortlaufende Multiplikation von Ziffern mit der Basis 16 hoch Stellenzahl beginnend mit 0:

Darstellung einer Hexadezimalzahl π

16D h (h steht für hexadezimal)
$= 13\,(D) \cdot 16^0 + 6 \cdot 16^1 + 1 \cdot 16^2$
$= 13 + 96 + 256$
$= 365$

Binär- in Hexadezimalzahlen umrechnen
Der Grund für die Verwendung des Hexadezimalsystems liegt in der sehr kompakten Schreibweise von Binärzahlen. Ursache hierfür ist, dass $2^4 = 16$ ergibt und somit jeweils vier Binärziffern eine Hexadezimalziffer bilden.

Zur Umrechnung einer Hexadezimal- in eine Binärzahl brauchen Sie nur die ersten 16 Hexadezimalziffern zu kennen (siehe Tabelle rechts).

Making of ...

Als Beispiel wandeln wir die Binärzahl 101101101 b in eine Hexadezimalzahl um.

1 Bilden Sie von rechts nach links Vierergruppen. Fehlende Ziffern im Block ganz links füllen Sie durch Nullen auf:
0001 0110 1101 b

2 Suchen Sie mit Hilfe der Tabelle zu jedem Viererblock die Hexadezimalzahl heraus – fertig!
16D h

binär	hexadez.
0000	0
0001	1
0010	2
0011	3
0100	4
0101	5
0110	6
0111	7
1000	8
1001	9
1010	A
1011	B
1100	C
1101	D
1110	E
1111	F

In der Tabelle finden Sie eine Zusammenfassung der drei Zahlensysteme:

System	Dezimal	Binär	Hexadezimal
Basis	0, 1, 2 ... 9	0, 1	0, 1, 2...9, A...F
Ziffern	10	2	16
Beispiel (123)	123 $= 3 \cdot 10^0 + 2 \cdot 10^1 + 1 \cdot 10^2$	1111011 b $= 1 \cdot 2^0 + 1 \cdot 2^1 + 0 \cdot 2^2 + 1 \cdot 2^3 + 1 \cdot 2^4 + 1 \cdot 2^5 + 1 \cdot 2^6$	7B h $= 11 \cdot 16^0 + 7 \cdot 16^1$
Wertebereich (n Stellen)	10^n	2^n	16^n
Beispiel (n = 4)	10^4 = 10.000 von 0 bis 9999	2^4 = 16 von 0 bis 1111	16^4 = 65.536 von 0 bis FFFF

1.5 Digitale Texte

Neben Zahlen muss ein Computer Texte speichern und verarbeiten können. Texte enthalten neben Buchstaben (Alphazeichen) und Ziffern (numerische Zeichen) auch Sonderzeichen wie z. B. Fragezeichen oder Doppelpunkt. Alles zusammen wird als *alphanumerischer Zeichensatz* bezeichnet.

Wie bei der Verarbeitung von Zahlen ist es auch hier erforderlich, eine Codierung in binäre Daten vorzunehmen. Dabei muss jedem einzelnen Zeichen eine eindeutige binäre Ziffernfolge zugewiesen werden.

1.5.1 ASCII

Der ursprünglich für das Betriebssystem DOS in Amerika entwickelte „Urvater" der alphanumerischen Codes wurde unter dem Namen ASCII (American Standard Code for Information Interchange) bekannt. Die Tabelle zeigt den ursprünglichen ASCII, einen 7-Bit-Code mit 128 Zeichen. Die Codierung der Zeichen ist in hexadezimaler Schreibweise angegeben, wobei die Ziffer in der oberen Zeile vor der Ziffer in der linken Spalte platziert wird. Beispiele:

- 47h = 100 0111 b = G
- 3F h = 011 1111 b = ?

Da im Englischen die europäischen Sonderzeichen wie ä, ö, ü, ß, ç, æ, ¢ fehlen, wurde das 8. Bit zur Erweiterung des ASCII auf 256 Zeichen genutzt.

ASCII

	0	1	2	3	4	5	6	7
0	NUL	DLE	SP	0	@	P	`	p
1	SOH	DC1	!	1	A	Q	a	q
2	STX	DC2	„	2	B	R	b	r
3	ETX	DC3	#	3	C	S	c	s
4	EOT	DC4	$	4	D	T	d	t
5	ENQ	NAK	%	5	E	U	e	U
6	ACK	SYN	&	6	F	V	f	v
7	BEL	ETB	´	7	G	W	g	w
8	BS	CAN	(	8	H	X	h	x
9	HT	EM	)	9	I	Y	i	y
A	LF	SUB	*	:	J	Z	j	z
B	VT	ESC	+	;	K	[	k	{
C	FF	FS	,	<	L	\	l	|
D	CR	GS	-	=	M	]	m	}
E	SO	RS	.	>	N	^	n	~
F	S1	US	/	?	O	_	o	DEL

1.5.2 ISO 8859

ISO 8859	
ISO 8859-1	Latin-1, Westeuropa
ISO 8859-2	Latin-2, Osteuropa
ISO 8859-3	Latin-3, Südeuropa
ISO 8859-4	Latin-4, Baltisch
ISO 8859-5	Kyrillisch
ISO 8859-6	Arabisch
ISO 8859-7	Griechisch
ISO 8859-8	Hebräisch
ISO 8859-9	Latin-5, Türkisch
ISO 8859-10	Latin-6, Nordisch
ISO 8859-11	Thai
ISO 8859-13	Latin-7, Baltisch
ISO 8859-14	Latin-8, Keltisch
ISO 8859-15	Latin-9, Westeuropa
ISO 8859-16	Latin-10, Südosteuropa

Trotz seiner Erweiterung auf 256 Zeichen kann der ASCII den vielfältigen Buchstaben in Staaten außerhalb Amerikas nicht gerecht werden. Aus diesem Grund hat sich die „International Organization for Standardization", kurz ISO, des Problems angenommen und mit ISO 8859 einen Standard für 8-Bit-Zeichensätze geschaffen. Wesentliches Merkmal der ISO-Norm ist, dass die ersten 128 Zeichen dem ASCII entsprechen. Die zweiten 128 Zeichen sind variabel und dienen zur Anpassung an die jeweiligen Sprachräume oder Sprachen: Die deutschen Umlaute sowie das

„ß" befinden sich in allen zehn Latin-Zeichensätzen. Der westeuropäische Zeichensatz ISO 8859-1 (Latin-1) ist auch heute noch auf etlichen Webseiten im Einsatz – eine Ablösung durch Unicode ist allerdings zu erwarten.

1.5.3 Unicode

Die Idee von Unicode besteht darin, alle Zeichen und Sonderzeichen der Sprachen in einem einzigen Code zu vereinen. Damit dies möglich wird, ist Unicode im Unterschied zum erweiterten ASCII oder ISO 8859 nicht auf 8 Bit begrenzt, sondern kann bis zu 32 Bit enthalten. Hieraus ergibt sich die theoretische Möglichkeit, 2^{32} oder 4,29 Milliarden Zeichen zu codieren – ein unerschöpflicher Vorrat! Tatsächlich werden Jahr für Jahr immer neue Sprachen in die Tabelle aufgenommen.

Die Bezeichnung eines mit 16 Bit codierten Unicode-Zeichens erfolgt in der Form U+XXXX, wobei jedes „X" eine hexadezimale Ziffer repräsentiert.

Damit Unicode zu den weit verbreiteten Codes ASCII und ISO-8859-1 kompatibel ist, wurden diese an den Anfang der Unicode-Tabelle gesetzt:

- ASCII: U+0000 – U+007F
- ISO 8859-1: U+0080 – U+00FF

Um unicodierte Zeichen in HTML5- oder XML-Dokumenten verwenden zu können, ist eine „Maskierung" der Zeichen notwendig.

Making of ...

Als Beispiel soll ein Emoji auf einer Webseite eingefügt werden.

1 Um das Zeichen zu suchen, rufen Sie https://unicode-table.com/de/ auf. Geben Sie bei **A** den Suchbegriff (hier: emoji) ein.

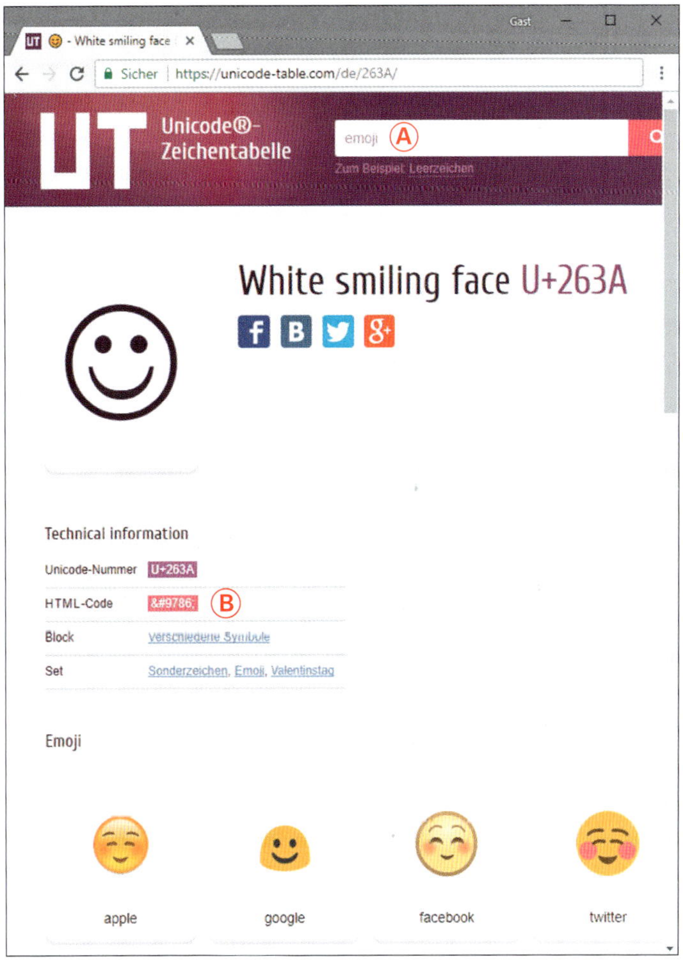

Unicode

Mit Hilfe von Unicode können Sie jedes beliebige Zeichen in HTML-Code einbinden.

2 Wählen Sie das gewünschte Emoji durch Anklicken aus.

3 Kopieren Sie den HTML5-Code **B** in die Zwischenablage.

4 Öffnen Sie eine Webseite in einem HTML5-Editor und fügen Sie den Code an der gewünschten Stelle ein. (Damit das maskierte Zeichen dargestellt werden kann, muss der Webbrowser Unicode-kompatibel sein.)

1.6 Digitale Bilder und Grafiken

1.6.1 Pixelgrafiken

Die Digitalisierung analoger Bilder durch den CCD-Sensor einer Digitalkamera haben Sie auf Seite 5ff bereits kennengelernt. Gedruckte Bilder werden mit Hilfe eines Scanners digitalisiert. In beiden Fällen werden die Bilder gerastert und die Farbe jedes Bildelements (Pixel[1]) gespeichert, weshalb man Bilder auch als *Pixel- oder Rastergrafiken* bezeichnet.

Die Farbe jedes Pixels wird als Zahl gespeichert, wobei n Bit erforderlich sind, um 2^n Zahlen (Farben) zu speichern. Die Angabe n wird bei Pixelgrafiken als *Farb- oder Datentiefe* bezeichnet. Die Tabelle fasst die wichtigsten Werte zusammen:

Farbtiefe	Anzahl Farben	Name (Photoshop)
1 Bit	$2^1 = 2$	Bitmap
8 Bit	$2^8 = 256$	Graustufen oder indizierte Farbe
24 Bit	$2^{24} = 16.777.216$	RGB/8 (RGB mit 8 Bit/Farbkanal)
48 Bit	$2^{48} = 2{,}815 \cdot 10^{14}$	RGB/16 (RGB mit 16 Bit/Farbkanal)
96 Bit	$2^{96} = 7{,}923 \cdot 10^{28}$	RGB/32 (RGB mit 32 Bit/Farbkanal)

Farbmodus

Bei Photoshop ändern Sie den Farbmodus im Menü *Bild > Modus*.

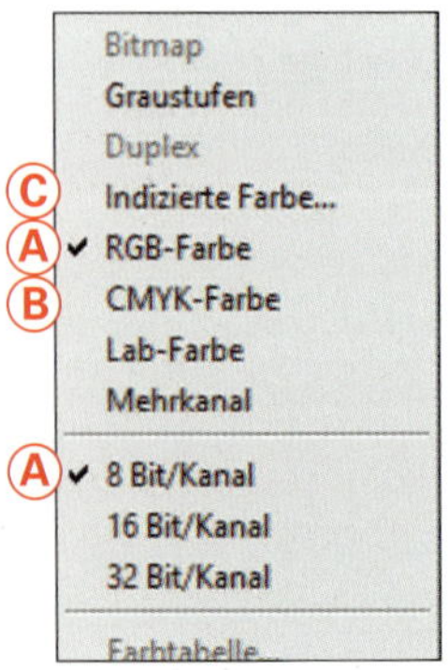

RGB/8 A

RGB/8 hat die größte Bedeutung in der Medienproduktion: Aus $2^8 = 256$ Rottönen, $2^8 = 256$ Grüntönen und $2^8 = 256$ Blautönen ergeben sich $2^{8+8+8} = 2^{24}$ Kombinationsmöglichkeiten und damit 16,7 Millionen Farben. Diese Anzahl an Farben ist in der Regel völlig ausreichend. Höhere Werte (RGB/16, RGB/32) sind Spezialanwendungen vorbehalten, beispielsweise in der Medizintechnik oder in der Fotografie.

CMYK/8 B

Im Bereich der Printmedien spielt CMYK/8 eine zentrale Rolle, da es sich bei C (Cyan), M (Magenta) und Y (Yellow, Gelb) um die Prozessfarben des Drucks handelt. Das K steht für die vierte Farbe Schwarz, die zur Kontrastverbesserung und für Schrift hinzugenommen wird.

Beachten Sie, dass CMYK/8-Farbräume deutlich kleiner sind als RGB/8-Farbräume. Die Umwandlung von RGB nach CMYK, die sogenannte *Separation*, führt daher zu einer unwiderruflichen Farbreduktion und findet deshalb häufig erst ganz am Ende des Medienworkflows statt. Mehr hierzu finden Sie im Band *Digitale Farbe* in dieser Buchreihe.

Indizierte Farbe C

Indizierte Farbe heißt, dass die Anzahl an Farben bzw. Tonwerte bei Graustufenbildern auf maximal 256 beschränkt ist. Diese werden in einer Farbtabelle gespeichert und durchnummeriert: F_0, F_1, F_2 usw. Die kleine Zahl bezeichnet man in der Mathematik als Index – daher die Bezeichnung *indizierte* Farbe.

Während die Beschränkung auf 256 Farben bei Fotografien wenig sinnvoll ist, reicht dies bei Grafiken, z. B. Logos, Diagrammen, Illustrationen, oft aus. Der Vorteil besteht in der Reduktion der Datenmenge und damit Verkürzung der Ladezeit. Dateiformate mit indizierten Farben (GIF, PNG-8) kommen deshalb bei Webanwendungen zum Einsatz.

Making of ...

Exportieren Sie eine RGB/8-Datei als PNG-8-Datei.

1 Pixel ist ein Kunstwort, das sich aus *picture element* ableitet. Es ist die kleinste Informationseinheit eines digitalen Bildes.

1. Öffnen Sie eine RGB/8-Datei in Photoshop.
2. Wählen Sie im Menü *Datei > Exportieren > Exportieren als...*
3. Wählen Sie als Dateiformat *PNG* **A** und setzen Sie das Häkchen bei *Kleinere Datei (8 Bit)* **B**.
4. Geben Sie die gewünschte Bildgröße (Breite und Höhe) **C** ein.
5. Schließen Sie mit *Alle exportieren* **D** ab.

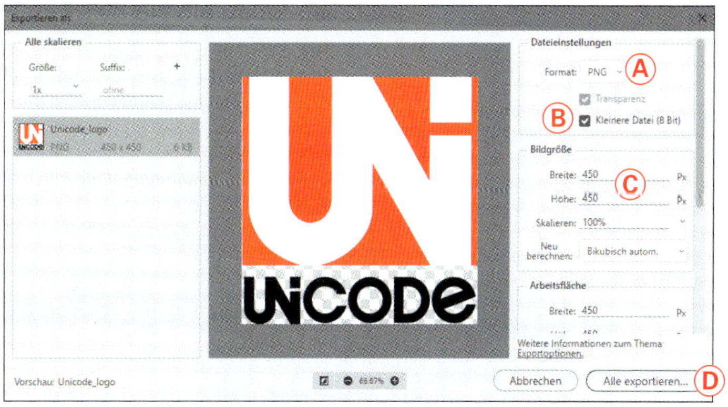

PNG-Export

Bei Photoshop können Sie RGB-Bilder im Menü *Datei > Exportieren > Exportieren als...* z. B. als PNG-Datei exportieren.

1.6.2 Vektorgrafiken

Der Unterschied zwischen einer Pixel- und einer Vektorgrafik ist in der Grafik dargestellt: Während bei einer Pixelgrafik der Farbwert jedes Pixels gespeichert wird, erfolgt die Beschreibung der Elemente einer Vektorgrafik mathematisch. Für einen Kreis wird beispielsweise sein Mittelpunkt, Radius sowie seine Füllfarbe gespeichert. Mit Hilfe sogenannter *Bézierkurven* lassen sich nicht nur geometrische Objekte, sondern beliebige Formen beschreiben, z. B. Buchstaben.

Die Grafik könnte den Eindruck erwecken, dass Vektorgrafiken viel exakter sind als Pixelgrafiken. Dieser Eindruck ist falsch, denn zur Anzeige auf einem Display muss auch die Vektorgrafik gerastert und in Pixel umgerechnet werden. Ein wesentlicher Vorteil gegenüber Pixelgrafiken besteht allerdings darin, dass eine Vektorgrafik ohne Qualitätsverlust in jeder beliebigen Größe ausgegeben werden kann. Pixelgrafiken dürfen hingegen nicht skaliert werden, weil sich deren Qualität durch das Hinzufügen oder Weglassen von Pixeln in der Regel verschlechtert.

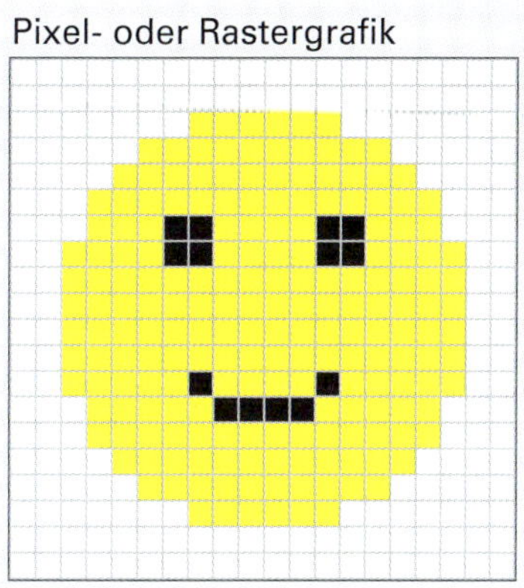

Pixel- und Vektorgrafik

Bei Pixelgrafiken wird die Farbe jedes Pixels gespeichert, bei Vektorgrafiken die mathematische Beschreibung der Objekte.

1.7 Digitale Farben

Die korrekte Angabe von Farben gehört zu den zentralen Aufgabe des Mediengestalters. Dabei müssen Sie unterscheiden, ob die Farben für Printmedien und/oder für Digitalmedien benötigt werden.

1.7.1 Farben für Printmedien

In allen Programmen, die an der Erstellung von Printmedien beteiligt sind – Photoshop, Illustrator und InDesign –, können Sie Farben anlegen. Wir führen dies am Beispiel von Indesign durch.

Making of …

1 Erstellen Sie ein neues InDesign-Dokument.

2 Blenden Sie – falls nicht sichtbar – im Menü *Fenster > Farbe > Farbfelder* die Farbfelder ein.

3 Klicken Sie auf [Schwarz] **A** und danach auf das Blatt-Icon **B**, um ein neues Farbfeld anzulegen.

4 Doppelklicken Sie auf die neue Farbe *Schwarz Kopie* **C**.

5 Der Farbmodus **D** ist standardmäßig auf CMYK eingestellt. Stellen Sie auf RGB um, falls ein RGB-Workflow gewünscht wird.

6 Ist der Farbtyp **E** auf *Prozess* eingestellt, wird die gewählte Farbe durch die vier Prozessfarben Cyan, Magenta, Gelb und Schwarz realisiert. Alternativ kann auf *Vollton* umgestellt werden. Beachten Sie jedoch, dass für eine Volltonfarbe ein weiteres Druckwerk erforderlich ist.

7 Geben Sie die gewünschten Farbwerte ein. Im Screenshot sehen Sie die Werte der Leitfarbe dieses Buches. Während bei CMYK die Farben prozentual angegeben werden **F**, erfolgen Farbangaben im RGB-Modus zwischen 0 und 255. (Sie erinnern sich: Die 256 Tonwerte je Farbkanal ergaben sich aus 8 Bit = 2^8 = 256 Farbwerte.)

8 Geben Sie der Farbe einen sinnvollen („sprechenden“) Namen.

9 Schließen Sie mit OK ab. Die neue Farbe erscheint nun in der Liste.

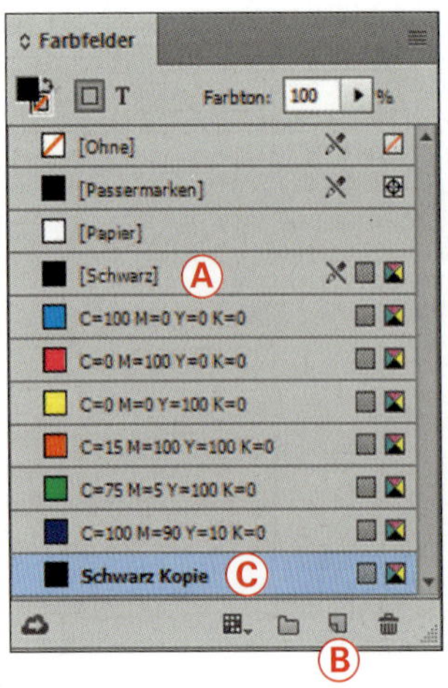

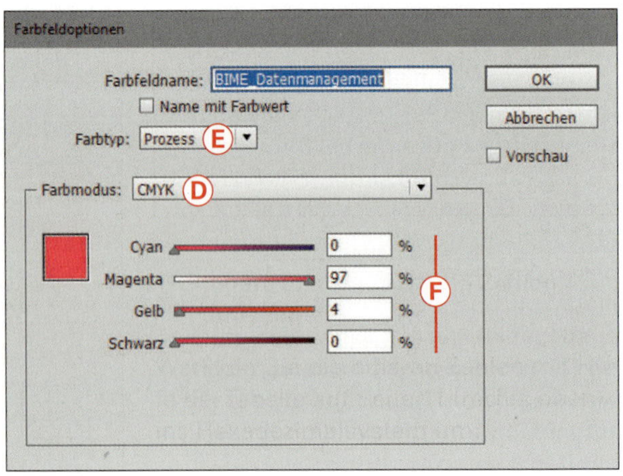

1.7.2 Farben für Digitalmedien

Die Formatierung und Gestaltung von Webanwendungen erfolgt mit CSS3. Farben können Sie in CSS3 hexadezimal oder dezimal angeben.

Hexadezimale Farbangaben
Die Angabe von Farben in hexadezimaler Schreibweise erfolgt bei CSS3 durch das #-Zeichen, gefolgt von drei mal zwei Hexadezimalziffern für den Rot-, Grün- und Blauanteil der Farbe:

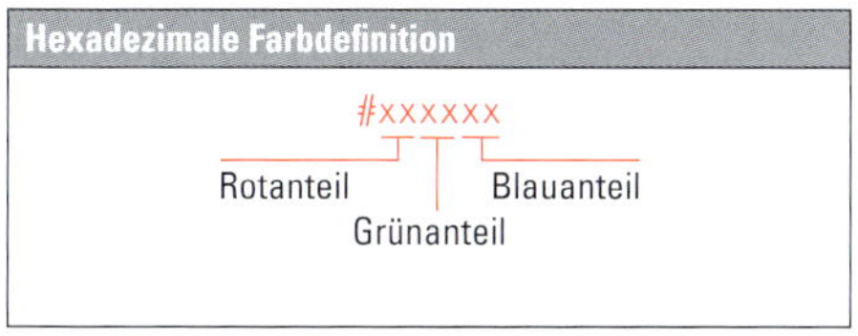

Mit einer zweistelligen Hexadezimalzahl (xx) lassen sich pro Farbkanal 256 unterschiedliche Farben darstellen. Zusammen bildet die sechsstellige Hexadezimalzahl den kompletten RGB-Farbraum von 256 · 256 · 256 = 16,7 Millionen Farben ab. Hexadezimale Farbangaben können Sie direkt aus Photoshop oder Illustrator entnehmen.

Making of …

1 Öffnen Sie eine Photoshop- oder Illustrator-Datei.

2 Doppelklicken Sie auf den Farbwähler.

3 Geben Sie die gewünschten Farbwerte ein – Sie können zwischen RGB, CMYK, HSB (Farbton, Sättigung, Helligkeit) und Lab wählen.

4 Kopieren Sie die hexadezimale Farbangabe **A** in die Zwischenablage.

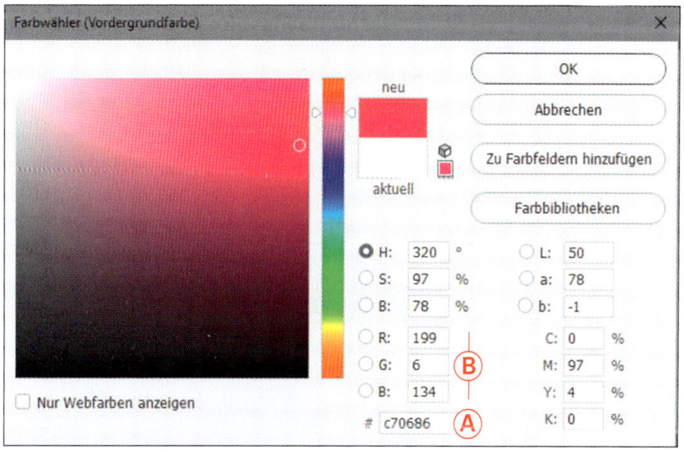

5 Fügen Sie die Farbe in Ihre Stylesheets ein, z. B.:
```
background-color: #c70686;
color: #c70686;
```
(Mehr über CSS3 finden Sie im Band *HTML5 und CSS3* in dieser Buchreihe.)

Dezimale Farbangabe
Die zweite Möglichkeit der CSS3-Farbangabe besteht darin, den Rot-, Grün- und Blauanteil als Dezimalzahl anzugeben:

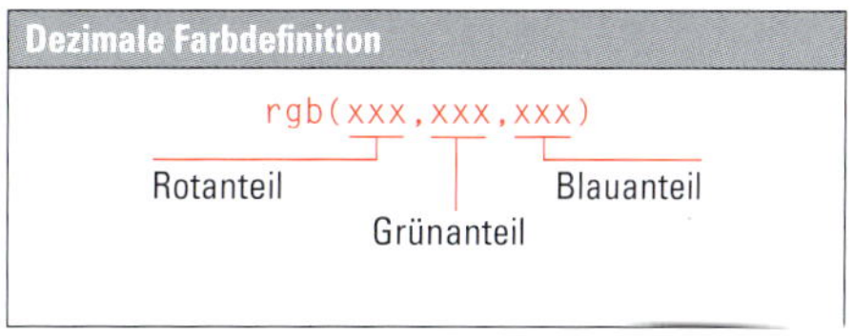

Making of …

1 Entnehmen Sie die RGB-Farbwerte **B** dem Photoshop- oder Illustrator-Farbwähler.

2 Fügen Sie die Farbe in Ihren Stylesheets ein, z. B.:
```
background-color:
rgb(199,6,134);
```

1.8 Digitaler Sound

Mit dem Erscheinen des ersten Audio-CD-Players im Jahr 1979 hat die Digitalisierung der Musik schon sehr früh begonnen. Heute ist das Ende des CD-Players besiegelt, da Musik meistens ohne Datenträger via Streaming konsumiert wird.

Ob Musikinstrument, Stimme oder Geräusch – um Sound digitalisieren zu können, müssen die Schallwellen zunächst einmal mit Hilfe eines Mikrofons oder Tonabnehmers erfasst und in ein elektrisches Signal umgewandelt werden **A**.

Analog-digital-Wandlung

Die Umwandlung analoger in digitale Sounds erfolgt in zwei Schritten:

- Abtastung **B**
- Quantisierung **C**

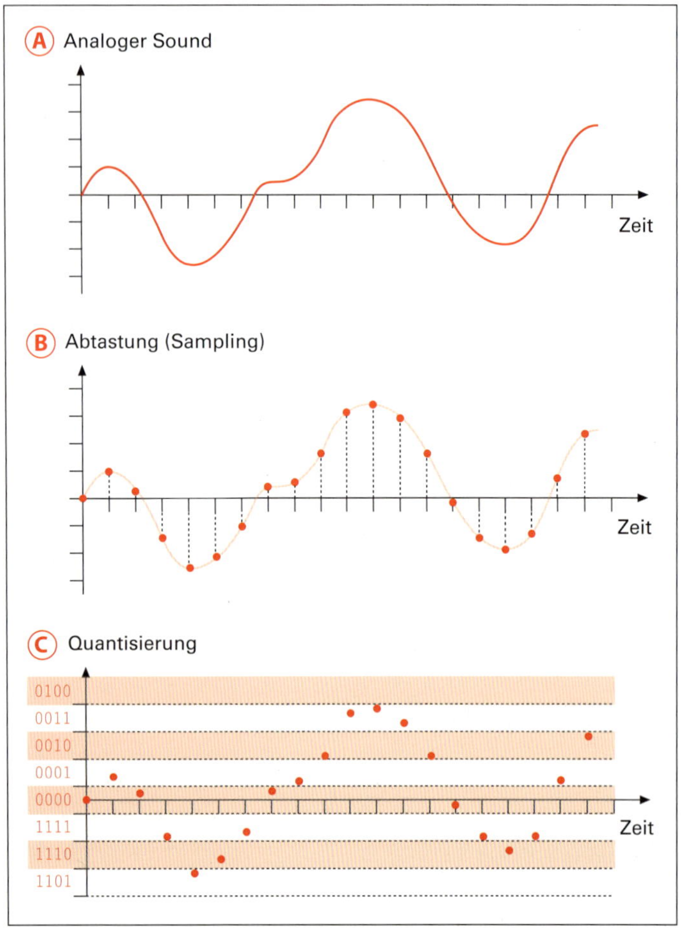

1.8.1 Analog-digital-Wandlung

Die *Analog-digital-Wandlung*, die Sie auf Seite 5 bereits am Beispiel des CCD-Sensors der Digitalkamera kennengelernt haben, läuft bei Sound ebenfalls in folgenden zwei Schritten ab:

Abtastung (Sampling) B

Im ersten Schritt muss das analoge Signal in regelmäßigen Abständen gemessen werden. Dieser Vorgang heißt *Abtastung (Sampling)*. Die Anzahl an Messungen pro Sekunde wird als *Abtastfrequenz (Samplingrate)* bezeichnet. Auf die Frage, wie hoch die Abtastfrequenz gewählt werden muss, hat der Mathematiker Shannon mit dem nach ihm benannten *Abtasttheorem* eine Antwort gegeben: Die Abtastfrequenz f_A muss mindestens doppelt so hoch sein wie die maximal im Analogsignal vorkommende Signalfrequenz f_{Smax}.

Shannon-Abtasttheorem π

$$f_A \geq 2 \cdot f_{Smax}$$

f_A: Abtastfrequenz [Hz]
f_{Smax}: Höchste Frequenz im Audiosignal

Der Hörbereich des Menschen endet bei maximal 20.000 Hz (20 kHz). Zur Abtastung einer Frequenz von 20 kHz muss die Abtastfrequenz (Samplingrate) also mindestens doppelt so hoch, 40 kHz, gewählt werden. Technische Abtastfrequenzen sind:

- 192 kHz sehr hohe Qualität, Studioeinsatz
- 96 kHz hohe Qualität, Studioeinsatz
- 48 kHz hohe Qualität, MP3
- 44,1 kHz Audio-CD

Eine Abtastung mit zu geringer Abtastfrequenz führt zum sogenannten Aliasing-Fehler. Dieser macht sich beim Abhören dadurch bemerkbar, dass der Sound an Brillanz und Klarheit verliert und dumpfer klingt. Dies ist der Grund, dass Audio-CDs eine schlechtere Qualität haben als die analoge Schallplatte. Als Gegenmaßnahme des Aliasing-Fehlers kommen Anti-Aliasing-Filter zum Einsatz. Dennoch gibt es auch heute noch Puristen, die aus Gründen der besseren Klangqualität und des wärmeren Klanges auf Schallplatten zurückgreifen.

Quantisierung C

Nach der Abtastung muss das immer noch analoge Abtastsignal im zweiten Schritt digitalisiert und als Binärzahl gespeichert werden. Während dieser Kennwert bei Farben als Farb- oder Datentiefe bezeichnet wird (siehe Seite 12), sprechen wir bei Sound (und Video) von *Abtasttiefe*.

Wie bei der Farbtiefe gibt man die Abtasttiefe in der Speichereinheit Bit an. Dabei gilt der Zusammenhang, dass mit n Bit 2^n unterschiedliche Werte gespeichert werden können. Bei einer Datenmenge von 8 Bit (= 1 Byte) sind $2^8 = 256$ Werte möglich, bei 16 Bit sind es bereits $2^{16} = 65.536$ Werte.

Grundsätzlich gilt, dass je höher die Abtasttiefe gewählt wird, umso besser die Qualität des digitalisierten Sounds ist. Allerdings sind bereits zwischen 24 und 32 Bit keine Unterschiede mehr hörbar, so dass noch höhere Werte nicht erforderlich sind. In der Audiotechnik spielen folgende Abtasttiefen eine Rolle:

- 32 Bit sehr hohe Qualität, Studioeinsatz
- 24 Bit hohe Qualität, Studioeinsatz
- 16 Bit hohe Qualität, MP3, Audio-CD

Kanäle

Der dritte Kennwert, den Sie bei der Digitalisierung von Sound wählen müssen, ist die gewünschte Anzahl an Kanälen. Heutige Hardware ist so leistungsfähig, dass Sie mehrere Kanäle parallel aufzeichnen können. Je mehr Kanäle Sie verwenden, umso besser lässt sich ein Raumklang erzeugen. Dieser spielt insbesondere eine Rolle, wenn Video nachvertont werden soll. Typische Werte sind:

- Mono kein Raumklang (1 Kanal)
- Stereo Raumklang durch linken und rechten Kanal
- 5.1 Raumklang durch 5 Kanäle und einen (Subwoofer-) Kanal für sehr tiefe Töne

1.8.2 Binäre Audiodaten

Die Digitalisierung von Sound führt zu großen Datenmengen: Nehmen wir an, dass Sie mit 48 kHz abtasten, also 48.000 Werte pro Sekunde erzeugt werden, die Abtasttiefe 16 Bit = 2 Byte beträgt und Sie in Stereo aufnehmen. Damit ergibt sich *pro Sekunde* folgende Datenmenge:

$$
\begin{aligned}
& 48.000\,\text{Hz} \cdot 16\,\text{Bit} \cdot 2\,(\text{Kanäle}) \\
& = 1.536.000\,\text{Bit/s} \\
& = 192.000\,\text{B/s} \\
& = 187{,}5\,\text{KB/s} \\
& = 0{,}183\,\text{MB/s}
\end{aligned}
$$

Das Beispiel zeigt, dass digitaler Sound nur eingesetzt werden kann, wenn die Datenmenge durch Datenkompression deutlich reduziert wird. Dies geschieht beispielsweise mit Hilfe von MP3 oder AAC (siehe Seite 27).

1.9 Digitales Video

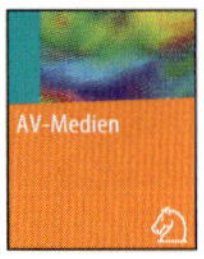

Wie bei Musik auch verlagert sich digitales Video mehr und mehr ins Internet – Datenträger wie Video-DVD oder Blu-ray-Disc werden über kurz oder lang verschwunden sein wie einst die analoge VHS-Kassette.

Bei digitalem Video oder auch beim digitalen Fernsehen handelt es sich um eine Abfolge von mindestens 25 Bps (Bilder pro Sekunde). Reicht es aus, sich mit der Digitalisierung von Einzelbildern zu beschäftigen?

Die Rechnung zeigt, dass dies nicht ausreichend ist, weil die Datenmenge viel zu hoch wäre: Ein Full-HD-Video besitzt eine Breite von 1.920 Pixel und eine Höhe von 1.080 Pixel. Die Datenmenge *eines* Bildes beträgt damit:

$$\begin{aligned} &1.920 \cdot 1.080 \cdot 24 \text{ Bit} \\ &= 49.766.400 \text{ Bit} \quad &| :8 \\ &= 6.220.800 \text{ B} \quad &| :1.024 \\ &= 6.075 \text{ KB} \quad &| :1.024 \\ &= 5{,}93 \text{ MB} \end{aligned}$$

Bei 25 Bps (Bilder pro Sekunde) ergibt sich eine Datenmenge von:

$$\begin{aligned} &25 \text{Bps} \cdot 5{,}93 \text{ MB} \\ &= 148{,}3 \text{ MB/s} \quad &| \cdot 8 \\ &= 1186{,}4 \text{ MBit/s} \\ &= 1{,}18 \text{ GBit/s} \end{aligned}$$

Datenmengen im Vergleich

Die Grafik veranschaulicht die starke Zunahme der Datenmenge bei Erhöhung der Auflösung:

- Full HD = 2,25 · HD
- UHD-1 = 9 · HD
- UHD-2 = 36 · HD

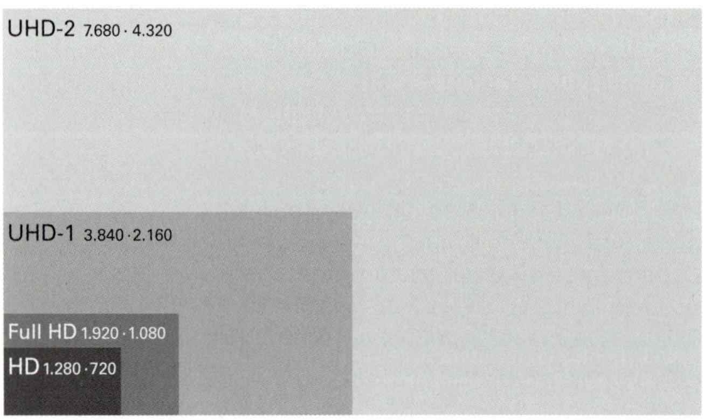

Eine Datenrate von über einem Gigabit/s ist aktuell auch mit der schnellsten Internetverbindung nicht erreichbar. Aus dieser Überlegung folgt, dass man sich damit auseinandersetzen muss, wie sich die Datenmenge *drastisch* reduzieren lässt. Dabei werden nicht nur eine, sondern eine Reihe von Maßnahmen getroffen:

- Reduktion der Auflösung
- Farbunterabtastung
- Wahl des Video-Codecs

1.9.1 Auflösung

Die Pixelanzahl in der Bildbreite und Bildhöhe wird als Auflösung bezeichnet. Hierbei gilt, dass ein Bild umso detailreicher und schärfer wird, je höher die Anzahl an Pixeln ist.

Der aktuell wichtigste Standard bei digitalem Video und Fernsehen ist Full HD (1.920 · 1.080 Pixel). Die Verdopplung der Breite auf 3.840 Pixel und Höhe auf 2.160 Pixel wird als UHD-1 bezeichnet. Mittlerweile gibt es zwar zahlreiche UHD-1-Fernseher und -Displays, Filme in dieser hohen Auflösung sind jedoch noch rar. Zukunftsmusik ist auch noch, ob sich irgendwann eine weitere Verdopplung von Bildbreite und -höhe (UHD-2) durchsetzen wird.

Die Grafik veranschaulicht, dass die Verdopplung der Bildbreite und -höhe zu einer Vervierfachung der Datenmenge führt. Umgekehrt gilt, dass sich durch Halbierung der Bildbreite und -höhe die Datenmenge um 75 % reduzieren lässt. Vor allem, wenn Video über das Internet gestreamt, also direkt abgespielt werden soll, ist diese Maßnahme erforderlich, damit es nicht zur ständigen Unterbrechung kommt.

Bei YouTube werden Videos in unterschiedlicher Auflösung angeboten, z. B. 1.080p, 720p, 420p, 360p. Dabei bezieht sich die Zahl auf die Bildhöhe in Pixel, das „p"steht für *progressive* (dt.: fortschrittlich) und sagt aus, dass das Video in Vollbildern und nicht – wie früher üblich – in Halbbildern übertragen wird.

1.9.2 Farbunterabtastung

Unser Auge nimmt Helligkeitsunterschiede deutlich besser wahr als Farbunterschiede. Dies macht man sich bei der Farbunterabtastung *(Color-Subsampling)* zunutze.

Zunächst findet eine Transformation vom RGB-Farbraum (drei Farbkanäle) in den YCbCr-Farbraum (ein Helligkeitskanal, zwei Farbkanäle) statt. Bei der Digitalisierung können nun Farbpixel zusammengefasst und jeweils nur ein Farbwert gespeichert werden. Hierbei werden im Wesentlichen drei Möglichkeiten unterschieden:

- *4:4:4 (ohne Color-Subsampling)*
  Die Farbtiefe beträgt 24 Bit/Pixel.
- *2:2 (Color-Subsampling)*
  Für jeweils vier Pixel werden alle vier Helligkeitswerte, aber nur die Hälfte der Farbwerte gespeichert. Die Farbtiefe reduziert sich auf 8 + 4 + 4 = 16 Bit/Pixel, verringert sich also um 33 %.
- *4:1:1 (Color-Subsampling)*
  Für vier Pixel werden alle vier Helligkeitsinformationen, aber nur ein Viertel der Farbinformation gespeichert. Die Farbtiefe beträgt 8 + 2 + 2 = 12 Bit/Pixel, verringert sich damit um 50 %.

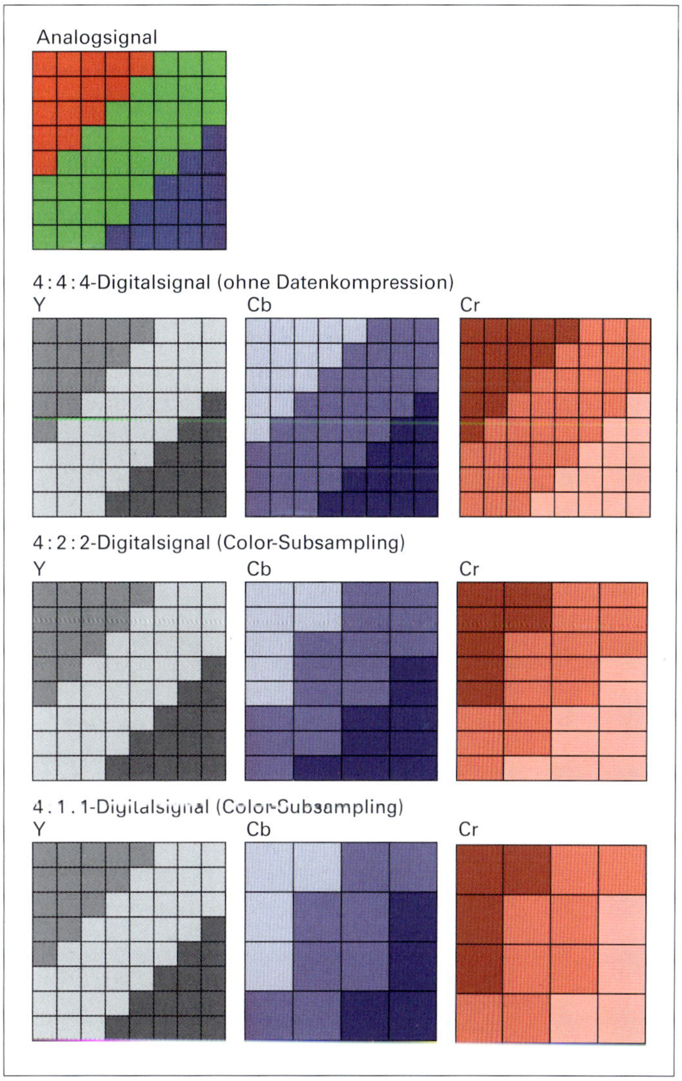

Farbunterabtastung (Color-Subsampling)

Bei der Digitalisierung wird auf Farbinformationen (Cb, Cr) verzichtet, um die Datenmenge zu reduzieren.

1.9.3 Video-Codec

Das Kunstwort *Codec* setzt sich aus Compression und Decompression zusammen. Gemeint ist ein Verfahren, das die Datenmenge beim Speichern verringert, also komprimiert, und beim Abspielen wieder entpackt, also dekomprimiert. Die Soft- oder Hardware zum Komprimieren wird entsprechend als *Encoder* bezeichnet, während Soft- oder Hardware zum Abspielen den entsprechenden *Decoder* enthält.

Die derzeit wichtigsten Video-Codecs sind H.264 und H.265, die bei MPEG zum Einsatz kommen. Das Grundprinzip finden Sie auf Seite 27.

1.10 Datenkompression

1.10.1 Einführung

Noch vor wenigen Jahren war Speicherplatz ein kostbares Gut. Bei Medienproduktionen aller Art musste darauf geachtet werden, die Datenmenge möglichst gering zu halten.

Heute kostet das Gigabyte wenige Cent, so dass es keine Rolle mehr spielt, ob Sie ein paar Gigabyte mehr benötigen oder nicht. Spielt das Thema Datenkompression, also die Verringerung der Datenmenge, keine Rolle mehr?

Doch, die Datenkompression spielt nach wie vor eine wichtige Rolle, allerdings aus einem anderen Grund: Das Internet ist zum wichtigsten Medium unserer Zeit geworden – sämtliche Daten können heute im Internet gespeichert und über das Internet übertragen werden. Nun sind wir trotz des massiven Ausbaus von Breitbandverbindungen in Deutschland noch weit davon entfernt, dass die zu übertragende Datenmenge keine Rolle spielt. Denn je größer die Datenmenge ist, umso länger dauert die Übertragung.

Nur durch effiziente Datenkompression wird die Datenfernübertragung überhaupt möglich. Wird eine „Live"-Übertragung gewünscht, z. B. beim Fernsehen, muss dafür Sorge getragen werden, dass nicht nur die Daten*kompression* vor der Übertragung, sondern auch die Daten*dekompression* nach der Übertragung so schnell erfolgt, dass es nicht zur Unterbrechung des Datenstroms kommt.

In diesem Kapitel schauen wir uns einige grundlegende Möglichkeiten der Datenkompression an, ohne auf die mathematisch teilweise sehr komplexen Algorithmen einzugehen. Zunächst muss zwischen den zwei prinzipiellen Möglichkeiten unterschieden werden.

Verlustfreie und verlustbehaftete Kompression

Bei der verlustfreien Kompression lassen sich die Originaldaten wieder herstellen, bei der verlustbehafteten nicht. Der Vorteil liegt hier in der deutlich höheren Kompressionsrate.

Verlustfreie Kompression

Bei der verlustfreien Kompression werden Daten nicht dauerhaft entfernt, sondern bei der Dekompression

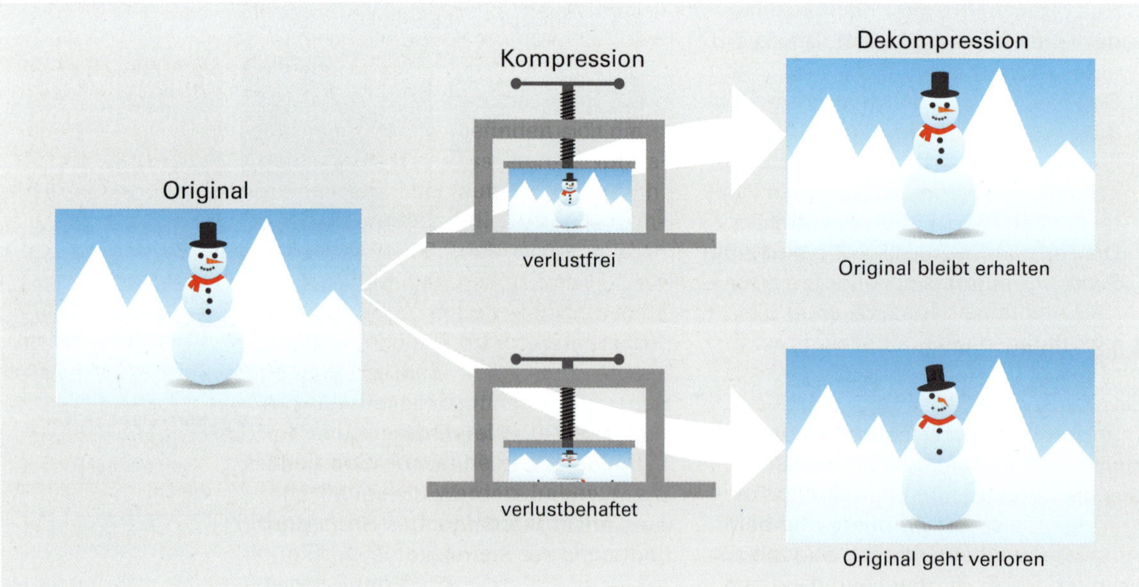

wieder hinzugefügt. Die Qualität der Daten bleibt damit trotz Kompression erhalten. Beispiele für Dateitypen mit verlustfreier Datenkompression sind:

- ZIP: Dateiformat zum „Verpacken" von mehreren Dateien
- PNG: Bilddateiformat für Bilder auf Webseiten
- M4A (Apple Lossless): Audioformat von Apple

Verlustbehaftete Kompression

Vor allem bei Bildern, Audio und Video reichen verlustfreie Verfahren nicht aus, weil die Kompressionsrate, also der Faktor, um den die Datenmenge reduziert ist, zu gering ist.

Verlustbehaftete Verfahren ermöglichen eine deutlich stärkere Kompression, allerdings sind die Originaldaten nach der Dekompression nicht mehr vorhanden. Die Qualität der Daten verschlechtert sich also durch die Kompression. Diesen Nachteil nimmt man billigend in Kauf, um einen Geschwindigkeitsvorteil bei der Datenubertragung zu erzielen. Beispiele für Dateitypen mit verlustbehafteter Kompression sind:

- JPG: Bilddateiformat für Bilder auf Webseiten
- MP3: Audiodateiformat
- MP4: Videodateiformat

1.10.2 Bildkompression

Das Web lebt von Bildern! Durch Reduktion von Bilddaten kann und muss eine Verringerung der Ladezeit erzielt werden.

Lauflängencodierung (RLE)

Die Lauflängencodierung, oder auf Englisch RLE, Run Length Coding, ist das einfachste *verlustfreie* Kompressionsverfahren. Bei der Lauflängencodierung wird nicht jedes einzelne Pixel gespeichert, sondern gleichfarbige Pixel in einer Bildzeile werden zusammengefasst. Es wird lediglich die Anzahl der Pixel und deren gemeinsamer Farbwert gespeichert.

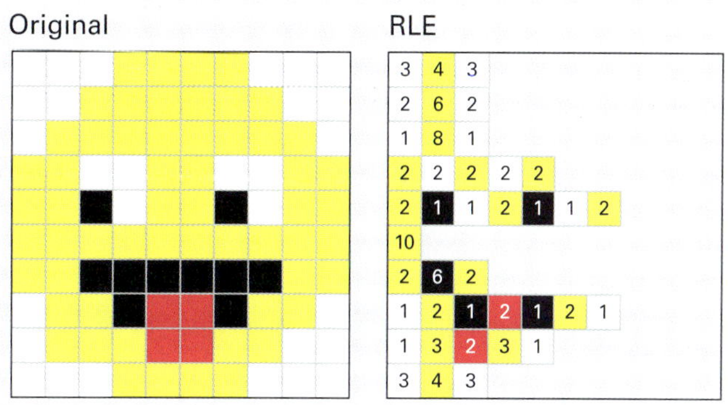

Lauflängencodierung
In jeder Zeile wird die Anzahl gleichfarbiger Pixel ermittelt.

Die Grafik oben veranschaulicht dies. Sieht man einmal davon ab, dass die die Zahlen gespeichert werden müssen, reduziert sich die Anzahl an zu speichernden Farbwerten von 100 (links) auf 40 Pixel (rechts). Bei Motiven mit sehr vielen Farben, z. B. bei Farbfotos, funktioniert RLE nicht sonderlich gut.

LZW

LZW steht für die Anfangsbuchstaben der Nachnamen der drei Entwickler dieses Komprimierungsverfahrens, Lempel, Ziv und Welch. Auch das LZW-Verfahren arbeitet *verlustfrei*. Es beruht auf der Idee, dass sich bestimmte Muster in der Abfolge von Pixeln wiederholen. Die Funktionsweise erklären wir am Beispiel der 5. Zeile in der obigen Grafik.

Im ersten Schritt wird eine Farbtabelle mit allen im Bild vorkommenden Farben angelegt. Im Beispiel sind dies vier Farben (Gelb, Schwarz, Weiß und Rot), die mit den Zahlen 0 bis 3 codiert werden.

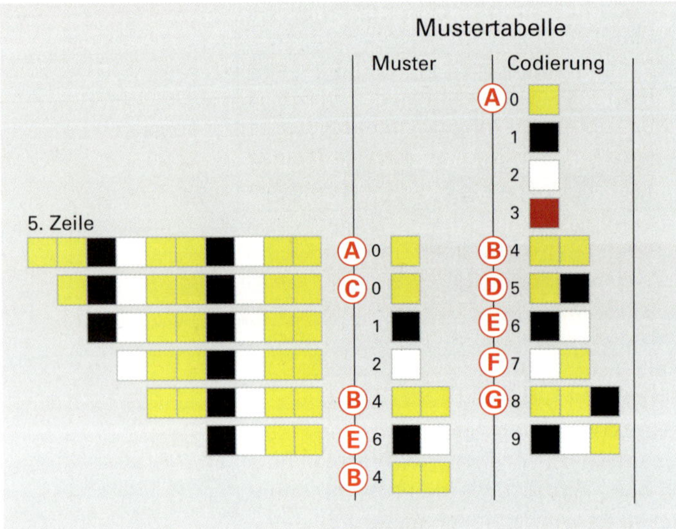

LZW

Bei LZW wird eine Mustertabelle angelegt. Die Datenreduktion entsteht dadurch, dass Muster aus mehreren Pixeln kurze Codes erhalten.

Im nächsten Schritt wird das Bild codiert und zwar zeilenweise von oben nach unten und von links nach rechts. Das 1. Pixel der 5. Zeile ist gelb und besitzt die Codierung 0 **A**. Das 2. Pixel ist ebenfalls gelb für die Kombination gelb-gelb gibt es noch keine Codierung. Aus diesem Grund erhält dieses Muster die Codierung 4 **B**.

Nun wird das 2. Pixel betrachtet: Es ist gelb und besitzt die Codierung 0 **C**. Das 3. Pixel ist schwarz und die Kombination gelb-schwarz gibt es noch nicht, sie erhält deshalb die Codierung 5 **D**. Auf diese Weise folgen die Codierung 6 **E** (schwarz-weiß) und 7 **F** weiß-gelb.

Die Kombination beim 5. und 6. Pixel (gelb-gelb) gibt es nun bereits, so dass beide Pixel zusammen die Codierung 4 **B** bekommen. Das neue Muster gelb-gelb-schwarz erhält die Codierung 8 **G**. Bei einer Codierung für 3 Pixel werden also bereits 66 % der Datenmenge eingespart. Für die nächsten beiden Pixel (schwarz-weiß) gibt es bereits die Codierung 6 **E**, danach folgt nochmals die Codierung 4 **B**.

Die gesamte 5. Zeile besitzt am Ende die Codierungen 0 – 0 – 1 – 2 – 4 – 6 – 4, also 7 Codes für 10 Pixel bzw. 30 % Ersparnis. Da bei diesem Verfahren im Laufe der Zeit immer längere Pixelketten eine Codierung erhalten, nimmt die Ersparnis weiter zu.

Huffman-Codierung

Ein drittes Verfahren zur *verlustfreien* Kompression ist die Huffman-Codierung, benannt nach seinem Erfinder David Huffman. Bei diesem Verfahren wird im ersten Schritt eine Tabelle mit der Häufigkeitsverteilung der Farben erstellt und in Form eines sogenannten Huffman-Baum dargestellt. Die Zahlen entsprechen dabei den Häufigkeiten: 57 von 100 Pixel sind gelb, deshalb 0,57. 29 von 100 Pixel sind weiß, deshalb 0,29, 10 Pixel sind schwarz (0,1), 4 Pixel rot (0,04).

Die Codierung der Farben erfolgt derart, dass bei jeder Verzweigung im linken Zweig eine 1 und im rechten Zweig eine 0 angefügt wird. Gelb erhält deshalb nur die 1, Weiß zunächst eine 0, danach eine 1, zusammen 01 usw.

Je häufiger eine Farbe vorkommt, umso kürzer wird damit ihre Codierung, je seltener eine Farbe auftritt, umso länger wird ihre Codierung.

Huffman

Die Codierung erfolgt entsprechend der Häufigkeitsverteilung. Je öfter Farben vorkommen, desto kürzer werden die Codes.

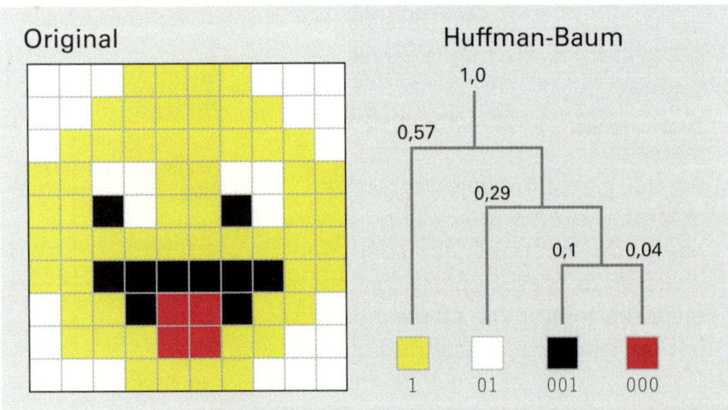

JPEG

JPEG ist sowohl der Name eines Dateiformats als auch die Bezeichnung eines mehrstufigen Kompressionsverfahrens. Der Name bezeichnet das Gremium, Joint Photographic Experts Group, das dieses Verfahren entwickelt hat.

JPEG-Dateien sind im Internet weit verbreitet. JPEG wird aber auch als reines Kompressionsverfahren in anderen Dateiformaten wie PDF und TIFF eingesetzt. Die Kompressionsrate und damit die Bildqualität können Sie im Speichern- oder Export-Dialog der Bildbearbeitungssoftware beeinflussen. Die Kompression erfolgt in mehreren Stufen, insgesamt ist das Verfahren *verlustbehaftet*.

1. *Farbunterabtastung*
   Die Farbuntertastung (Color-Subsampling) haben Sie bereits im Kapitel *Digitales Video* auf Seite 21 kennengelernt. Durch eine Farbraumtransformation werden die Farbwerte von den Helligkeitswerten getrennt. Da Farbunterschiede schlechter wahrgenommen werden als Helligkeitsunterschiede, werden beim Color-Subsampling die Farbwerte reduziert.
2. *DCT und Quantisierung*
   Das Bild wird in 8 x 8 Pixel große Blöcke unterteilt. Jeder Block wird einer mathematischen Transformation vom Bild- in den Frequenzbereich unterzogen, die als diskrete Kosinustransformation (DCT) bezeichnet wird. Durch die Transformation ergibt sich eine 8x8-Matrix mit 64 Koeffizienten. Die Koeffizienten werden nun durch die Werte einer 8x8-Quantifizierungsmatrix geteilt, in der das Helligkeits- und Farbempfinden des menschlichen Auges berücksichtigt ist. Auf diese Weise lassen sich hochfrequente Bildanteile (Kanten, Detailkontraste) reduzieren und niedrigfrequente Anteile (Farbflächen) bleiben erhalten. Die Stärke der Kompression kann vom Nutzer gewählt werden, bei hohen Kompressionsraten kommt es allerdings zu deutlich sichtbaren Störungen.
3. *Huffman-Codierung*
   Die 64 Werte der quantisierten DCT-Matrix werden schließlich verlustfrei nach Huffman codiert.

Beim Öffnen einer JPEG-codierten Datei werden die drei Stufen der JPEG-Kompression in umgekehrter Reihenfolge durchlaufen.

Making of …

Exportieren Sie ein Bild als JPEG-Datei.

1 Öffnen Sie ein Bild in Photoshop.

2 Wählen Sie im Menü *Datei > Exportieren > Exportieren als…*

3 Wählen Sie als Dateiformat *JPEG* **A** und stellen Sie die gewünschte Qualität **B** ein. In der Vorschau sehen Sie zunehmende Störungen im Bild, wenn Sie den Schieberegler nach links bewegen. Die Datenmenge **C** hängt von der Qualität ab.

4 Geben Sie die gewünschte Bildgröße, also die Bildbreite und -höhe (**D** vorherige Seite), ein.

5 Schließen Sie mit *Alle exportieren* (**E** vorherige Seite) ab.

PNG

Wie bei JPEG handelt es sich auch bei PNG, Portable Network Graphics, sowohl um ein Dateiformat als auch um ein Kompressionsverfahren. Im Unterschied zu JPEG erfolgt die Kompression *verlustfrei.*

PNG unterstützt unterschiedliche Farbtiefen bis 16 Bit/Farbkanal und ist somit eine (qualitativ bessere) Alternative sowohl für das veraltete GIF- als auch für das JPEG-Format. Die zu erzielende Kompressionsrate kann jedoch mit dem verlustbehafteten JPEG-Algorithmus nicht mithalten. Eine Besonderheit ist, dass PNG Transparenzen durch einen 8- oder 16-Bit-Alphakanal ermöglicht.

Die Datenkompression läuft wie bei JPEG auch mehrstufig ab.

1. *Dekorrelation*
   Zwischen benachbarten Pixeln bestehen farbliche Abhängigkeiten (Korrelationen). Bei einfarbigen Flächen ist die Korrelation hoch, bei mehrfarbigen Flächen niedrig. Die Idee besteht nun darin, diese Abhängigkeiten mit Hilfe eines Filters zu erfassen und lediglich die Differenzwerte zwischen den Pixeln zu speichern. Bei zwei gleichfarbigen Pixeln wäre die Differenz null, bei relativ ähnlichen Farben nahe null. Das Speichern dieser Differenzen braucht deutlich weniger Speicherplatz als das Speichern der tatsächlichen Farbwerte.
2. *Deflate-Komprimierung*
   Der Deflate-Algorithmus ist eine Kombination aus dem erweiterten LZW-Vefahren (genannt LZSS) und dem Huffman-Verfahren. Dies heißt, dass im ersten Schritt sich wiederholende Muster ermittelt und in einer Tabelle zusammengestellt werden. Im zweiten Schritt werden häufig vorkommende Muster nach Huffman mit einem kurzen Code und selten vorkommende Muster mit einem längeren Code versehen.

Beim Öffnen einer PNG-Datei laufen die beiden Stufen in umgekehrter Reihenfolge ab. Da es sich um verlustfreie Algorithmen handelt, bleibt die originale Bildqualität erhalten.

Making of ...

Das „Making of..." zum Exportieren eines Bildes in eine PNG-Datei finden Sie auf Seite 14f.

Bildkompression

Die Beispiele zeigen, dass sich eine deutliche Reduktion der Datenmenge nur durch verlustbehaftete Kompression (JPEG) erzielen lässt.

TIF (ohne Kompression) – 994 KB

TIF mit LZW – 770 KB

JPEG – 92 KB

PNG – 559 KB

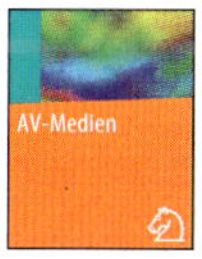

1.10.3 Audiokompression

MP3

Bei MP3 handelte es sich ursprünglich um den Audioanteil des MPEG-1-Kompressionsverfahrens für Video, das in Deutschland von der Fraunhofer-Gesellschaft entwickelt wurde. Der Algorithmus war derart erfolgreich, dass er sich zum Standardformat der Musikbranche etablieren konnte. Mittlerweile gibt es bessere Kompressionsverfahren, z. B. AAC. MP3 verwendet ein mehrstufiges *verlustbehaftetes* Kompressionsverfahren.

1. *Subbänder und MDCT*
   Das Audiosignal wird zunächst in 32 Frequenzbänder zerlegt – dies entspricht der Blockbildung von 8x8 Pixeln bei JPEG. Die Frequenzbänder werden nun – wie die JPEG-Quadrate – einer diskreten Kosinustransformation (MDCT) unterzogen.
2. *Quantisierung*
   Die grundlegende Idee besteht darin, alle Frequenzen wegzulassen, die nicht gehört werden. Beispiel: Wir hören das Ticken eines Weckers so lange, bis er klingelt. Die Frequenzen der Klingel *maskieren* (überlagern) die Frequenzen des Tickens. In umfangreichen Hörtests wurde ermittelt, welche Frequenzen durch andere überlagert werden. Das daraus erstellte *psychoakustische Modell* simuliert sozusagen das menschliche Gehör und wird bei der Quantisierung herangezogen. Wie bei JPEG auch, können Sie bei MP3 wählen, wie stark die Quantisierung erfolgen soll. Je stärker sie ist, umso stärker ist die Datenkompression, umso stärker ist jedoch auch der Qualitätsverlust. Bei Datenraten unter *192 kBit/s* werden Unterschiede zum Original hörbar.
3. *Huffman-Codierung*
   Im letzten Schritt erfolgt wie bei JPEG eine verlustfreie Huffman-Codierung (siehe Seite 24) der errechneten quantisierten Werte.

AAC

AAC steht für Advanced Audio Coding und ist eine Weiterentwicklung von MP3. Bei AAC wurde versucht, die Schwächen des MP3-Verfahrens zu korrigieren. Vor allem bei niedrigen Datenraten werden klanglich bessere Ergebnisse erzielt als bei MP3.

AAC setzt sich mehr und mehr durch und kommt beispielsweise bei Apples iTunes zum Einsatz. Eine vollständige Ablösung von MP3 ist nicht auszuschließen.

AAC-Dateien können – je nach Containerformat – unterschiedliche Dateiendungen (.aac, .mp4, .m4a) besitzen.

1.10.4 Videokompression

Wie Sie auf Seite 20 gelesen haben, entstehen bei Videos sehr große Datenmengen. Dies hat den Grund, dass bei einem Video (mindestens) 25 Einzelbilder pro Sekunde erforderlich sind – ein dreiminütiger Videoclip liefert damit bereits 25 Bps · 180 s = 4.500 Bilder!

Farbunterabtastung

Die Farbunterabtastung (Color-Subsampling) des digitalen Videos haben Sie auf Seite 20 bereits kennengelernt. Sie ermöglicht die Reduktion der Datenrate um bis zu 50 %. Dies ist bereits ganz gut aber noch lange nicht ausreichend.

Codec

Das Kunstwort *Codec* setzt sich aus Compression und Decompression zusammen. Gemeint ist ein Verfahren,

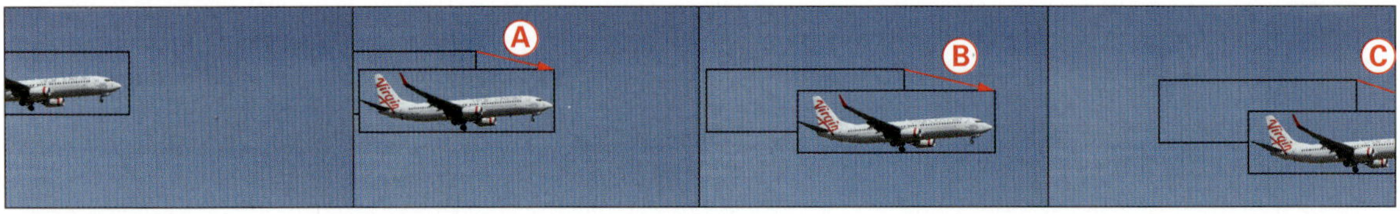

Zeitliche Kompression

Von Bild zu Bild ändert sich nur die Bewegung des Flugzeugs. Es genügt also, diese Information zu speichern.

das die Datenmenge beim Speichern verringert, also komprimiert, und beim Abspielen wieder entpackt, also dekomprimiert. Die Soft- oder Hardware zum Komprimieren wird entsprechend als *Encoder* bezeichnet, während Soft- oder Hardware zum Abspielen den entsprechenden *Decoder* enthält. Letzterem muss es gelingen, das Video in Echtzeit zu decodieren, also typischerweise 25 Bilder pro Sekunde.

Kompressionsverfahren

Zur effizienten Kompression von Video werden unterschiedliche Maßnahmen getroffen. Die Algorithmen sind mathematisch komplex – wir stellen Ihnen deshalb an dieser Stelle lediglich die Grundprinzipien vor. Hierbei wird zwischen räumlicher und zeitlicher Kompression unterschieden:

- *Räumliche Kompression*
  Bei der räumlichen Kompression findet die Datenreduktion innerhalb der einzelnen Bilder des Videos statt. Sie wird auch als *Intraframe-Kompression* bezeichnet. Zum Einsatz kommen hierbei die Kompressionsverfahren, die Sie im Kapitel über die Bildkompression ab Seite 23 kennengelernt haben.
- *Zeitliche Kompression*
  Betrachten Sie die Bildfolge eines vorbeifliegenden Flugzeugs oben. Unkomprimiert würde jedes einzelne Bild komplett gespeichert werden – die sich ergebende Datenmenge wäre riesig! Da jedoch 25 oder mehr Bilder pro Sekunde aufgenommen werden, ändert sich von Bild zu Bild sehr wenig. Bei einer Bildrate von 25 Bilder/Sekunde vergehen zwischen zwei Bildern nur 1/25 s = 0,04 s = 40 ms (Millisekunden). Dies macht man sich bei der zeitlichen oder *Interframe-Kompression* zunutze. Das Prinzip hierbei ist, zu untersuchen, welche Bildinhalte sich im Vergleich zum vorherigen Bild verändert haben. Im Falle der Flugzeugbewegung reicht es aus, den sogenannten *Bewegungsvektor* **A**, **B**, **C** zu speichern, um den sich das Flugzeug im Vergleich zum vorherigen Bild verschoben hat. Weitere Änderungen gibt es weder am Flugzeug noch am Himmel.
  Nun kann es auch sein, dass das Flugzeug auf uns zufliegt und damit größer wird. Auch in diesem Fall muss nicht das gesamte Bild gespeichert werden. Es genügt, die Unterschiede zum vorherigen Bild zu speichern *(Differenzcodierung)*.

MPEG

MPEG ist die Abkürzung für *Moving Picture Experts Group*, also eine Expertengruppe für Bewegtbilder, die sich seit über zwanzig Jahren mit der Datenkompression von Audio und Video beschäftigt und seither immer wieder verbesserte Verfahren veröffentlicht hat. Die aktuell wichtigsten MPEG-Codecs sind H.262, H.264 und H.265. Nähere Informationen hierüber finden Sie im Band *AV-Medien* in dieser Buchreihe.

Das Grundprinzip der MPEG-Codierung besteht darin, dass eine

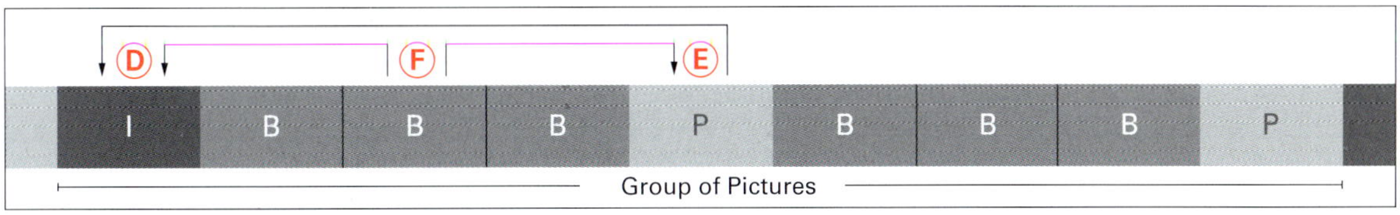

bestimmte Anzahl an Bildern zu einer Gruppe (GoP, Group of Pictures) zusammengefasst wird. In der Grafik rechts oben sind dies neun Bilder. Es werden drei Arten von Bildern unterschieden:

- *I-Frame (Intraframe)* **D**
  Bei I-Frames werden alle Bildinformationen gespeichert. Die Kompression erfolgt nach den Verfahren der räumlichen Kompression wie sie auch bei JPG zum Einsatz kommen (Farbunterabtastung, DCT, Quantisierung, Huffman-Codierung).
- *P-Frame (Predicted[1] Frame)* **E**
  Bei P-Bildern werden nur Bildinhalte gespeichert, die sich im Vergleich zum vorherigen P- oder I-Frame geändert haben. Bei einer Bewegung werden nicht die Bildinhalte selbst, sondern – wie oben beschrieben – die Bewegungsvektoren gespeichert. Aus diesen Informationen kann das Bild bei der Dekompression errechnet werden.
- *B-Frame (Bidirectional[2] Predicted Frame)* **F**
  Bei B-Frames werden noch weniger Bildinformationen gespeichert. Zur Darstellung des Bildes wird das vorherige und nachfolgende P- oder I-Frame herangezogen. Es handelt sich also um eine rechnerische Interpolation des Bildes.

Group of Pictures (GoP)

Bei MPEG werden mehrere Bilder zu einer Gruppe zusammengefasst. Innerhalb einer Gruppe kommen unterschiedliche Kompressionsverfahren zum Einsatz.

1 to predict, dt.: vorausberechnen

2 bidirectional, dt.: beidseitig

1.11 Aufgaben

1 Technische Entwicklungen beschreiben

Erklären Sie in einem Satz:
a. Industrie 4.0

b. Internet der Dinge

c. Augmented Reality

2 Big Data verstehen

a. Definieren Sie Big Data.

b. Erläutern Sie an einem Beispiel, wie Daten missbraucht werden könnten.

3 Digitalisierung verstehen

Bringen Sie den Ablauf einer Analog-digital-Wandlung in die richtige Reihenfolge. Notieren Sie hierzu die Ziffern 1 bis 7 in den Kästchen.

- ☐ CDD-Sensor verteilt Licht auf Pixelmatrix.
- ☐ Licht gelangt auf CCD-Sensor.
- ☐ Digitalisierte Messwerte werden binär codiert.
- ☐ Elektrische Spannungen werden digitalisiert.
- ☐ Binär codierte Messwerte werden gespeichert.
- ☐ Lichtanteile werden in elektrische Spannungen gewandelt.
- ☐ Jedes Pixel teilt Licht in roten, grünen und blauen Anteil auf.

4 Die binäre Arbeitsweise eines Computers verstehen

Erklären Sie, weshalb ein Computer ausschließlich binäre Informationen verarbeiten kann.

5 Funktionsweise eines CCD-Sensors verstehen

Die linke Grafik zeigt ein Pixel einer Bayer-Matrix (CCD-Sensor).

a. Erklären Sie, weshalb der Grünanteil doppelt so hoch ist wie der Rot- und Blauanteil.

b. Zeichnen Sie rechts oben die Farbe des Pixels ein.

6 Binäre Einheiten kennen

Verbinden Sie die Werte links mit den dazugehörigen Werten rechts mit einer Linie.

1 Byte	1.024^2 KBit
1 KB	1.024 GBit
1 MB	1.024 KB
1 GBit	1.024^3 MB
1 TBit	1.024 GB
1 PB	1.024 Byte
1 MBit	8 Bit
1 TB	1.024 MBit

7 Mit Datenmengen und -raten rechnen

Die Datenmenge einer Website beträgt insgesamt 480 KB. Die Internetverbindung besitzt eine Datenrate von durchschnittlich 650 kBit/s.

Berechnen Sie die Dauer des Downloads in s. (Beachten Sie, dass „K" für 1.024 und „k" für 1.000 steht.)

8 Mit Datenmengen rechnen

Ihre Datensicherung soll auf einer externen Festplatte erfolgen. Folgende Daten sollen gesichert werden:

Dateiart	Anzahl	Datenmenge/Datei
Videos (MP4)	175	2,5 GB
Musik (MP3)	8.500	3 MB
Bilder (JPG)	19.500	4.800 KB
Hörbücher (MP3)	125	65 MB
Software	12	825 MB

a. Berechnen Sie die Gesamtdatenmenge in GB.

b. Ihre neue Platte soll eine Reserve von 200 % Ihrer Daten haben. Berechnen Sie die Plattenkapazität in TB.

c. Kreuzen Sie an, für welche Platte Sie sich entscheiden.

- [ ] 1-TB-Platte
- [ ] 2-TB-Platte
- [ ] 3-TB-Platte

9 Dezimale in binäre Zahlen umrechnen

Rechnen Sie die dezimalen Zahlen ins Binärsystem um:

a. 64

b. 255

10 Binäre in dezimale Zahlen umrechnen

Rechnen Sie die binären Zahlen ins Dezimalsystem um:

a. 1000 b

b. 11111111 b

11 Binäre in hexadezimale Zahlen umrechnen

Wandeln Sie die binären Zahlen mit Hilfe der Tabelle auf Seite 11 (rechts oben) ins Hexadezimalsystem um:

a. 1100 0001 1111 0000 b

b. 1111 1010 0010 0100 b

12 Hexadezimale in binäre Zahlen umrechnen

Wandeln Sie die hexadezimalen Zahlen ins Binärsystem um:
a. ABCD h

b. 1234 h

13 Zeichen ASCII-codieren

Codieren Sie Ihren Vornamen hexadezimal mit Hilfe der ASCII-Tabelle auf Seite 12.

14 Farbanzahl bestimmen

Nennen Sie die maximale Anzahl unterschiedlicher Farben bei
a. RGB/8

b. Bitmap

c. Indizierten Farben

15 Vektor- und Pixelgrafiken unterscheiden

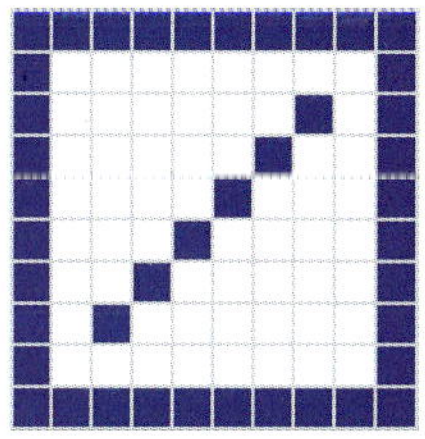

a. Die Grafik wird einmal als Vektor- und einmal als Pixelgrafik gespeichert. Erklären Sie den prinzipiellen Unterschied.

Als Pixelgrafik wird

Als Vektorgrafik wird

b. Beschreiben Sie den wesentlichen Vorteil einer Vektorgrafik.

16 CMYK-Werte von Farben angeben

Geben Sie die CYMK-Werte an:

C: M: Y: K:

C: M: Y: K:

C: M: Y: K:

C: M: Y: K:

17 RGB-Werte von Farben angeben

Geben Sie die RGB-Werte der Farben hexadezimal und dezimal an.

#

rgb(, ,)

#

rgb(, ,)

#

rgb(, ,)

18 Datenmenge von Sound berechnen

Ein Song der Länge 3 min 20 s wird mit 48 kHz, 16 Bit und in Stereo digitalisiert. Berechnen Sie die (unkomprimierte) Datenmenge in MB.

19 Farbunterabtastung erklären

Erklären Sie, welche Eigenschaft des menschlichen Auges man sich bei der Farbunterabtastung von Video zunutze macht.

20 Bedeutung des Codecs bei der Videodigitalisierung erklären

a. Erklären Sie den Begriff Codec.

b. Erklären Sie den Unterschied zwischen räumlicher und zeitlicher Kompression.

Räumliche Kompression:

Zeitliche Kompression:

21 Bilddaten komprimieren

Gegeben ist die Flagge Norwegens.

Beschreiben Sie zwei unterschiedliche Möglichkeiten, wie sich die Datenmenge reduzieren lässt.

Möglichkeit 1:

Möglichkeit 2:

22 Audio komprimieren

Erklären Sie, welche Eigenschaft des menschlichen Ohres man sich bei MP3 zunutze macht.

23 Video komprimieren

Erklären Sie das Grundprinzip der MPEG-Kompression (Stichwort: GoP).

2.1 Dateiverwaltung

Ordnung oder Chaos? Heutige Computer besitzen Festplatten[1] von ein, zwei oder mehr Terabyte. Ein Terabyte ist eine riesige Datenmenge! In der Tabelle auf Seite 9 finden Sie eine Beispielrechnung, wie viele Dateien auf einer 1-TB-Platte untergebracht werden können, beispielsweise 67 Mio. Textdateien, 87.000 MP3-Songs, 43.000 Bilder und 55 Video-DVDs!

Das Beispiel zeigt, dass eine strukturierte Dateiverwaltung unerlässlich ist. Hierfür ist das Betriebssystem des Computers zuständig. Bevor wir uns die Gemeinsamkeiten und Unterschiede der Betriebssysteme ansehen, klären wir zunächst, welche Merkmale Dateien besitzen.

2.1.1 Dateinamen und -endungen

In Dateien werden inhaltlich zusammengehörende Daten zusammengefasst und auf einem Datenträger gespeichert. Jede Datei besitzt einen Dateinamen und, getrennt durch einen Punkt, eine Dateiendung, genauer auch als Dateinamenserweiterung bezeichnet.

Dateinamen

Bei den aktuellen Betriebssystemen gibt es bei der Wahl des Dateinamens fast keine Einschränkungen mehr. Prinzipiell sind auch Namen mit Umlauten (ä, ö, ü) oder Leerzeichen erlaubt. Einige Regeln gibt es aber dennoch:

- Die Länge ist auf maximal 260 Zeichen begrenzt – wobei es unsinnig wäre, derart lange Namen zu wählen.
- Einige Sonderzeichen wie /, \, <, >, : oder ? sind nicht erlaubt, weil sie andere Funktionen erfüllen.
- Während bei *Windows 10* und *macOS* zwischen Groß- und Kleinschreibung nicht unterschieden wird, tun dies die Betriebssysteme Linux oder Unix sehr wohl: index.htm, Index.htm und INDEX.HTM sind hier drei unterschiedliche Dateien. Da die meisten Webserver diese Betriebssysteme verwenden, müssen Sie dies bei der Namensvergabe beachten.

Damit Dateien mit allen Betriebssystemen problemlos funktionieren, empfehlen wir:

Eindeutige Dateinamen wählen

Verwenden Sie für Dateinamen ausschließlich Buchstaben des englischen Alphabets, also a – z, A – Z, Ziffern 0 – 9 sowie Bindestriche - oder Unterstriche _

Dateiendungen

Die Dateiendung besteht meistens aus drei, manchmal auch aus zwei oder vier Buchstaben. An der Dateiendung lässt sich der Dateityp erkennen: Bei `.jpg` handelt es sich um Bilddateien, bei `.txt` um Textdateien und bei `.mp3` um Audiodateien. Eine Übersicht wichtiger Dateitypen für die Medienproduktion finden Sie in Kapitel 2.2 ab Seite 39.

Windows 10 benötigt die Dateiendung zur Identifikation des zugehörigen Programms. Ein Doppelklick auf die Datei startet das Programm und öffnet die Datei. Wenn Sie unter Windows 10 die Dateiendung löschen oder umbenennen, funktioniert dieser Mechanismus nicht mehr.

Bei *macOS* ist die Dateiendung im Unterschied zu Windows für die Zuordnung des Programms nicht zwingend erforderlich. Das korrekte Programm öffnet sich auch dann, wenn Sie die Dateiendung löschen oder umbenennen.

1 In mobilen Endgeräten und zunehmend auch in Notebooks kommen zunehmend sogenannte SSD (Solid State Drive) zum Einsatz. Diese sind im Vergleich zu Festplatten deutlich schneller.

P. Bühler et al., *Datenmanagement*, Bibliothek der Mediengestaltung, https://doi.org/10.1007/978-3-662-55507-1_2

Dies sollten Sie jedoch unterlassen, weil Ihre Datei dann nicht mehr funktioniert, wenn Sie auf einen Windows-Rechner kopiert wird.

Making of ...

Sind die Dateiendungen auf Ihrem Computer nicht sichtbar, dann liegt dies daran, dass diese standardmäßig ausgeblendet sind. Um sie einzublenden, gehen Sie folgendermaßen vor:

(Windows 10)

1 Öffnen Sie den *Explorer*.

2 Wählen Sie Menü *Ansicht*.

3 Setzen Sie das Häkchen bei *Dateinamenerweiterungen*.

macOS

1 Öffnen Sie den *Finder*.

2 Wählen Sie links oben im Menü *Einstellungen > Erweitert*.

3 Setzen Sie das Häkchen bei *Alle Dateinamensuffixe einblenden*.

2.1.2 Dateisysteme

Alle heutigen Betriebssysteme besitzen ein Dateisystem mit hierarchischer Struktur, die auch als Baumstruktur bezeichnet wird. Die Bezeichnung kommt daher, dass die Ordnung der Dateien einem (umgedrehten) Baum ähnelt, der sich von der Wurzel zu den einzelnen Ästen immer weiter verzweigt (siehe Grafik unten).

Alle Dateien eines Computers werden in Verzeichnissen oder Ordnern gespeichert. Der zweite Begriff stammt daher, dass die grafische Oberfläche eines Computers mit einem Schreibtisch verglichen wird, auf dem die einzelnen Papiere (Dateien) in Ordnern gesammelt werden.

Dateisysteme

Die Struktur entspricht einem umgedrehten Baum – das oberste Element wird deshalb als Root (dt.: Wurzel) bezeichnet.

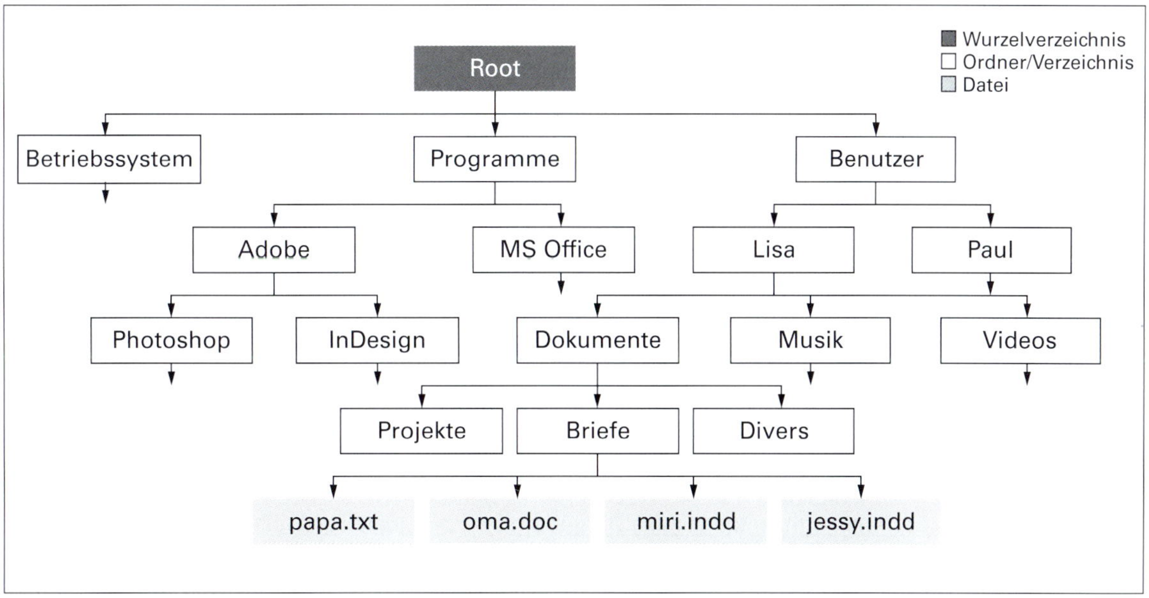

Bei *macOS*, *iOS* und *Android* wird das oberste Element – passend zur Baummetapher – als Root (dt.: Wurzel) bezeichnet. Zur Angabe des Pfades zu einer Datei werden Schrägstriche / (engl.: *Slashes*) verwendet, z. B.: `/Benutzer/Lisa/Dokumente/Briefe/papa.txt`

Bei *Windows 10* werden als Root-Element das Laufwerk angegeben und zur Angabe von Dateipfaden sogenannte *Backslashes* \ verwendet, z. B.: `C:\Benutzer\Lisa\Dokumente\Briefe\papa.txt`

2.1.3 Dateistruktur

Bei der Dateiverwaltung unterscheiden sich die Betriebssysteme für Laptops oder Desktop-PCs von den Betriebssystemen für mobile Endgeräte.

macOS

Bei den Desktop-Betriebssystemen *Windows 10* und *macOS* besteht die Dateiverwaltung logisch aus folgenden drei Bereichen:

- *Betriebssystem (system)*
  In diesem Bereich befinden sich die Dateien des Betriebssystems. Normale Benutzer haben auf diesen Bereich keinen Zugriff, und dies ist auch sinnvoll, damit das Betriebssystem nicht versehentlich beschädigt werden kann. Auch von außen (aus dem Internet) ist ein Zugriff auf diesen Bereich nicht vorgesehen.
- *Programme (applications)*
  Auch auf diesen Bereich, in dem die Dateien der Anwenderprogramme (Apps) abgelegt werden, haben Nutzer ohne Administratorrechte und Schadsoftware aus dem Internet keinen Zugriff.
- *Benutzer (users)*
  Wie der Name sagt, ist dieser Bereich den eigenen Dateien der Nutzer vorbehalten. Da es sich bei den Betriebssystemen um Mehrbenutzersysteme handelt, können beliebig viele Nutzer angelegt werden, wobei jeder User nur seinen eigenen Verzeichnisbaum sieht – der Zugriff auf die Dateien anderer User ist nicht möglich.

iOS

Bei den mobilen Betriebssystemen *Android* und *iOS* geht man bei der Dateiverwaltung einen anderen Weg, vielleicht, weil die meisten mobilen Endgeräte üblicherweise nur von einer Person genutzt werden.

Bei *Android* und *iOS* findet keine Trennung der Benutzerdaten von den Programmen bzw. Apps statt. Die mit den Apps erzeugten Dateien werden in einem Verzeichnis gespeichert, das der App zugeordnet ist. Ein zentraler Zugriff auf alle eigenen Dateien ist damit – zumindest ohne Zusatzsoftware – nicht möglich.

Häufig kommt es vor, dass Sie Dateien einer App mit einer anderen App nutzen wollen, z. B. Fotos zur Erstellung eines E-Books. Hierfür gibt es zwei Möglichkeiten:

- Im einfacheren Fall kann die Ziel-App auf die Quell-App zugreifen, also z. B. die E-Book-App auf die Fotos-App.
- Häufig müssen Sie die benötigten Dateien von der Quell-App in die Ziel-App *exportieren* – eine mühsame Methode, bei der man auch schnell den Überblick verliert, welche Dateien wo abgelegt wurden. Für größere Medienproduktionen sind mobile Endgeräte definitiv weder vorgesehen noch geeignet.

2.2.1 Medienworkflow

AI, PSD, MOV, DOCX, EPS, PDF, MP3, PHP, XML ... – die Anzahl an Dateiformaten und -endungen ist riesig und nahezu unüberschaubar.

Das richtige „Datenhandling" stellt eine der Kernkompetenzen der Medienproduktion dar. Dabei müssen Sie den jeweiligen Medienworkflow kennen, um zu entscheiden, in welchen Formaten Dateien exportiert werden müssen, damit sie im nächsten Schritt importiert werden können.

Die Grafiken rechts zeigen beispielhaft die Dateiformate eines Print- und eines Digitalworkflows:

- Mit der Digitalkameras erstellte Fotos werden als JPG- oder RAW-Dateien gespeichert.
- Die Texterfassung erfolgt mittels Textverarbeitung, z. B. mit Word als DOC(X)-Datei.
- Eingescannte Vorlagen werden als JPG- oder TIF-Datei gespeichert.
- Nach der Bildbearbeitung werden die Dateien für Printmedien als TIF- oder PSD-Datei gespeichert, für Digitalmedien als PNG- oder JPG-Datei.
- Grafiken für Printmedien werden als EPS- oder AI-Datei gespeichert, für Digitalmedien als SVG-Datei.
- Schriften liegen z. B. in Formaten wie OTF oder TTF vor.
- Für eine einheitliche Farbwiedergabe sorgen ICC- oder CSF-Farbprofile.
- Videos werden beispielsweise als MP4 exportiert, Sound als MP3 oder im AAC-Format.
- Printmedien werden in der Regel mit InDesign als INDD-Datei erstellt.
- Digitalmedien, z. B. mit Dreamweaver erstellt, werden als HTML- und CSS-Dateien exportiert.
- Die Druckausgabe erfolgt als PDF-Datei.

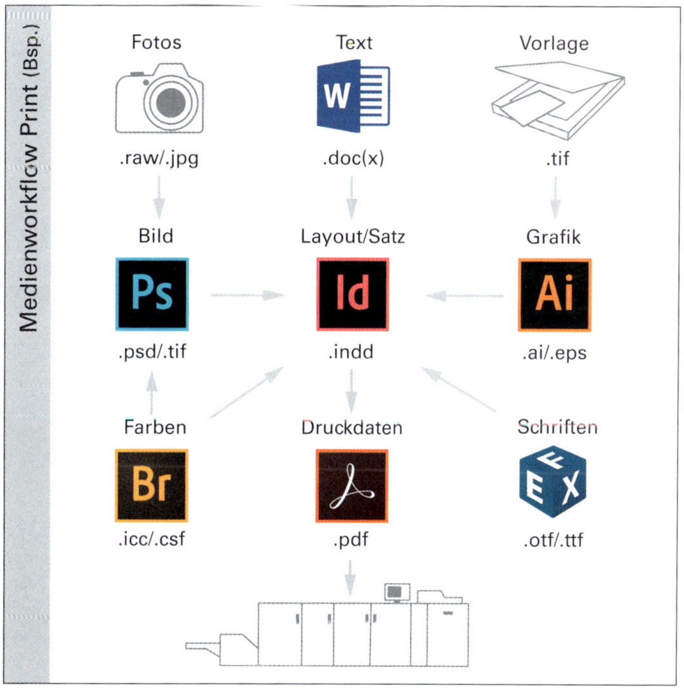

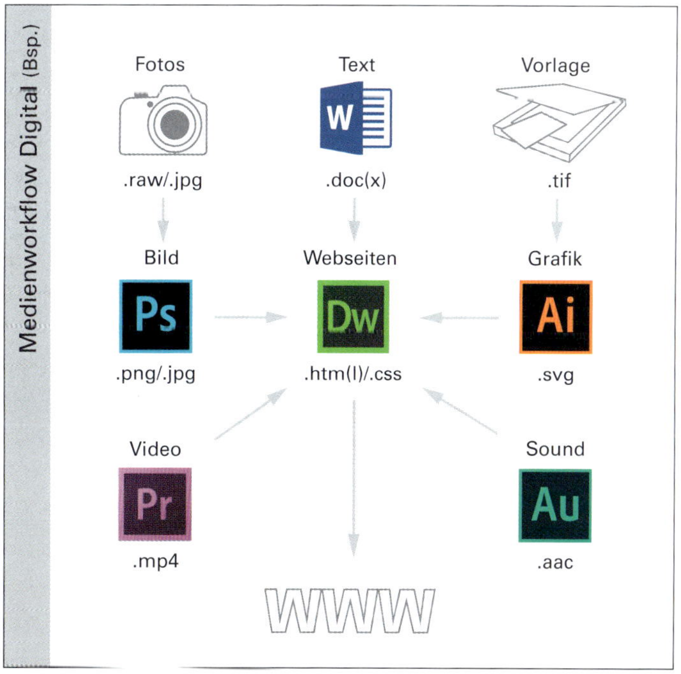

2.2.2 Alphabetische Übersicht

Im Folgenden finden Sie eine alphabetische Übersicht von Dateiformaten, die in der Mediengestaltung und Medienproduktion von Bedeutung sind.

Bitte beachten Sie, dass diese Liste keinen Anspruch auf Vollständigkeit erhebt, sondern lediglich eine Auswahl darstellt.

	Format	Name	Funktion	Merkmale
A	**.aac**	Advanced Audio Coding	Audio	▪ Geringe Datenmenge durch hohe Kompression ▪ Hohe Verbreitung (z. B. iTunes, iPod) ▪ Bessere Qualität als MP3-Datei ▪ Zugriffsschutz über DRM (Digital Rights Management) ist möglich.
	.accdb	Access Database	Datenbank	▪ Proprietäres[1] Dateiformat von Access-Datenbanken von Microsoft ▪ Über die ODBC-Schnittstelle ist eine Anbindung an andere Datenbankmanagementsysteme wie z. B. MySQL möglich.
	.aex	Adobe After Effects	Video Animation	▪ Proprietäres Dateiformat von Adobe After Effects ▪ Videoschnitt, Übergänge, Effekte, Animationen, Rendering ins Endformat ▪ Zahlreiche Exportformate, z. B. .mov, .avi
	.ai	Adobe Illustrator	Vektorgrafik	▪ Proprietäres Dateiformat von Adobe Illustrator ▪ Import in andere Adobe-Programme möglich
	.aif **.aiff**	Audio Interchange File (Format)	Audio	▪ Keine Kompression, daher maximale Qualität ▪ Hohe Datenmenge (ca. 10 MB/min) ▪ Konvertierung in andere Formate (z. B. .aac, .mp3) zur Verwendung in Digitalmedien empfehlenswert
	.app	Application	Ausführbare Datei (macOS)	▪ Die Anwendung wird durch Doppelklick gestartet. ▪ Dateiendung bei macOS standardmäßig ausgeblendet ▪ Ausführbare Dateien unter Windows 10 besitzen die Dateiendung .exe.
	.aspx	Active Server Pages .NET	Webanwendung	▪ Dynamische Webanwendungen auf Basis des ASP. NET-Frameworks (Microsoft) ▪ Einbinden der Skripte in den HTML5-Quellcode ▪ Serverseitige Ausführung auf Webserver von Microsoft: Internet Information Server (IIS) oder Personal Web Server (PWS)
	.avi	Audio Video Interleave	Video	▪ Containerformat für Audio, Video und Text ▪ Verschiedene Kompressionsverfahren (Codecs) ▪ Mittlerweile gibt es bessere Formate (z. B. .mp4).
B	**.bmp**	Bitmap	Pixelgrafik	▪ Farbtiefe zwischen 1 und 32 Bit ▪ Kein CMYK ▪ Import in vielen Programmen möglich ▪ Keine oder verlustfreie (RLE-)Kompression
C	**.c4d**	Cinema 4D	3D-Software Animation	▪ Proprietäres Dateiformat von Maxon Cinema 4D ▪ Modellierung, Texturierung und Rendering fotorealistischer 3D-Objekte ▪ Vielfältige Animationsmöglichkeiten

1 Proprietäre Formate sind herstellerspezifisch, eignen sich also nicht als Austauschformate mit Programmen anderer Hersteller.

Format	Name	Funktion	Merkmale
.css	Cascading Style Sheets	Webanwendung	▪ Auszeichnungssprache des Internetkonsortiums W3C ▪ CSS3 dient zur Gestaltung und Formatierung, HTML5 beschreibt die Inhalte der Webanwendung. ▪ Reine Textdateien ▪ Einbinden in HTML5 oder eigene Datei
.csv	Comma Separated Value	Datenbank	▪ Tabellarische Daten werden als Text mit Trennzeichen (z. B. Komma oder Strichpunkt) gespeichert. ▪ Austauschformat z.B. für Acess, Excel oder Datenbanken
.doc .docx	Word Document (X von eXtended)	Text	▪ Speicherformat für Word-Dateien (Microsoft) ▪ Neben dem Text und dessen Formatierung werden Metainformationen gespeichert. ▪ Datenaustausch mit anderen Programmen des Office-Paketes über die Zwischenablage (OLE) ▪ Import in InDesign möglich
.dxf	Drawing Interchange File Format	CAD	▪ Industriestandard für programm- oder betriebssystemübergreifenden Datenaustausch ▪ DXF-Dateien sind dimensionslos, d. h., der User muss die Einheiten, in welcher die Zeichnung erstellt wurde, kennen. ▪ DXF ist von AutoDesk beschrieben und offen dokumentiert.
.eps	Encapsulated Post-script	Vektorgrafik	▪ Wichtiges Austauschformat für Vektorgrafiken ▪ Objekte werden mit der Seitenbeschreibungssprache PostScript beschrieben und in die Datei eingebunden (encapsulated). ▪ Grafik wird zusätzlich in Form von Pixeldaten gespeichert, damit Anzeige im Layoutprogramm möglich wird. ▪ Einbinden von Farbprofilen möglich
.exe	Executable	Ausführbare Datei (Windows)	▪ Die Anwendung wird durch Doppelklick gestartet. ▪ Ausführbare Dateien unter macOS besitzen die Dateiendung .app.
.fla	Flash	Webanwendung Animation	▪ Proprietäres Dateiformat von Adobe Animate (Nachfolger von Flash) ▪ Vielfältige Animationsmöglichkeiten ▪ Export als HTML5-, CSS3- und JS-Dateien ▪ Integrierte Skriptsprache (ActionScript)
.gif	Graphics Interchange Format	Pixelgrafik	▪ Pixelgrafiken für Webanwendungen, mittlerweile durch PNG-8 abgelöst ▪ Farbtiefe max. 8 Bit (256 Farben) ▪ Animation möglich (Animated GIF) ▪ Verlustfreie Kompression (LZW-Verfahren)
.htm .html	Hypertext Markup Language	Webanwendung	▪ Auszeichnungssprache des Internetkonsortiums W3C ▪ HTML5 beschreibt die Inhalte der Webanwendung, CSS3 dient zur Gestaltung und Formatierung. ▪ Reine Textdateien ▪ Zur Darstellung von HTML5-Dateien ist ein Webbrowser notwendig.

	Format	Name	Funktion	Merkmale
I	.icc	International Color Consortium	Workflow	▪ Beschreibung des Gerätefarbraums z. B. von Kamera, Scanner, Monitor, Druckmaschine ▪ ICC-Profile können in Dateien eingebunden oder im Betriebssystem installiert werden.
	.iges	Initial Graphics Exchange Specification	CAD	▪ Neutrales, herstellerunabhängiges Datenformat ▪ Version 5.3 ist seit 1996 ANSI-Standard (American National Standards Institute).
	.idml	InDesign Markup Language	Layout und Satz	▪ Proprietäres Dateiformat von Adobe InDesign ▪ IDML ermöglicht, eine InDesign-Dateien aufwärtskompatibel zu speichern, so dass die Datei mit einer neueren Version geöffnet werden kann.
	.indd	InDesign Document	Layout und Satz	▪ Proprietäres Dateiformat von Adobe InDesign ▪ Grafiken und Bilder werden verknüpft. ▪ Eingesetzte Schriften können „verpackt" werden. ▪ Druckausgabe durch Export in das PDF/X-Format
J	.jdf	Job Definition Ticket	Workflow	▪ XML-basiertes Format für den Produktionsworkflow ▪ JDF-„Job-Ticket" speichert u. a. Kundenkartei, Termine, Auftragsnummern, Auflage, Maschinendaten.
	.jpg -jpeg	Joint Photographic Experts Group	Pixelgrafik	▪ Pixelgrafiken v. a. für Webanwendungen ▪ Farbtiefe 24 Bit (16,7 Mio. Farben) ▪ Keine Transparenz ▪ Stufenlos einstellbare Kompressionsrate
	.js	JavaScript	Webanwendung	▪ Skriptsprache für dynamische Webanwendungen ▪ Clientseitige Ausführung im Webbrowser ▪ JavaScript kann als externe Datei realisiert oder direkt im HTML5-Quellcode eingebunden werden. ▪ JavaScript kann im Webbrowser deaktiviert werden.
M	.mov	Quicktime Movie	Video	▪ Containerformat für Video, Audio und Text (Apple) ▪ MOV-Dateien lassen sich mit dem kostenlosen QuickTime-Player abspielen. ▪ Verschiedene Kompressionsverfahren (Codecs) für die Video- und Audiodaten
	.mp3	Kurzform von MPEG-2 Audio Layer 3	Audio	▪ Verlustbehaftetes Audioformat ▪ Hohe Verbreitung ▪ Ab 192 Kilobit/s vergleichbar mit Originalqualität ▪ Ablösung durch AAC(?)
	.mp4	Kurzform von MPEG-4	Video	▪ Containerformat für Video, Audio und Text ▪ Hohe Verbreitung ▪ Verschiedene Kompressionsverfahren (Codecs) für die Video- und Audiodaten
	.mpg .mpeg	Moving Pictures Experts Group	Video	▪ Containerformat für Video, Audio und Text ▪ Verschiedene Standards: MPEG-1, MPEG-2 und MPEG-4 ▪ Integration des Sounds z. B. als AAC, Dolby Digital
O	.odp	Open Document Presentation	Präsentation	▪ Präsentation mit Impress von Open Office oder LibreOffice ▪ Funktionsumfang vergleichbar mit PowerPoint

Format	Name	Funktion	Merkmale
.ods	Open Document Sheet	Tabellen (Datenbank)	▪ Tabellen mit Calc von OpenOffice oder LibreOffice ▪ Funktionsumfang vergleichbar mit Excel
.odt	Open Document Text	Text	▪ Textdateien mit Writer von OpenOffice oder LibreOffice ▪ Funktionsumfang vergleichbar mit Excel
.otf	Open Type Font	Schrift	▪ Weiterentwicklung und Vereinigung von Type-1- und TrueType-Fonts ▪ Verwendung von Unicode (65.536 Zeichen) ▪ Plattformübergreifender Einsatz (Windows/macOS)
.pct **.pict**	Picture	Pixelgrafik	▪ Pixelgrafik von Apple ▪ Farbtiefe 16 oder 32 Bit ▪ Kein CMYK ▪ Wahlweise ohne oder mit JPEG-Kompression
.pdf	Portable Document File	Layout und Satz	▪ Universelles Austauschformat von Adobe ▪ Anzeige von PDF-Dateien mit Adobe Reader oder im Webbrowser ▪ Erzeugen von Druckdaten mit Acrobat Distiller oder direkt aus der Anwendung z.B. InDesign ▪ Interaktive PDFs für digitale Medien z. B. E-Books
.php **.php5**	Hypertext Prepro-cessor (früher: Personal Homepage Tools)	Webanwendung	▪ Dynamische Webanwendungen ▪ Serverseitige Ausführung ▪ PHP kann als externe Datei realisiert oder direkt im HTML5-Quellcode eingebunden werden.
.pl	Perl	Webanwendung	▪ Dynamische Webanwendungen ▪ Serverseitige Ausführung ▪ Softwareschnittstelle heißt CGI (Common Gateway Interface). ▪ Perl hat durch den großen Erfolg von PHP an Bedeu-tung verloren.
.png	Portable Network Graphics (sprich: Ping)	Pixelgrafik	▪ Pixelgrafik für Webanwendungen ▪ Farbtiefe zwischen 1 und 48 Bit ▪ Transparenz durch Alphakanal möglich ▪ Verlustfreie Kompression ▪ Höhere Datenmenge als JPG
.ppt **.pptx**	PowerPoint (X von eXtended)	Präsentation	▪ Propieretäres Dateiformat für Präsentationen (Microsoft) ▪ Quasistandard bei Präsentationssoftware
.prproj	Premiere Project	Video	▪ Proprietäres Dateiformat von Adobe Premiere ▪ Videoschnitt, (Nach-)Vertonung, Übergänge, Effekte, Titel, Rendering ins Endformat ▪ Zahlreiche Exportformate, z. B. mp4, mpeg
.ps **.prn**	PostScript (macOS) Printer (Windows 10)	Layout und Satz	▪ Seitenbeschreibungssprache für die Druckausgabe (Adobe) ▪ Geräteunabhängig ▪ In drei Levels standardisiert: PostScript Level 1, 2 oder 3 ▪ Durch einen Post-Script-Druckertreiber erzeugt ▪ PDF bindet PostScript-Daten ein und ersetzt damit PS-bzw. PRN-Dateien.

Format	Name	Funktion	Merkmale
.psd	Photoshop	Pixelgrafik	▪ Proprietäres Format für Photoshop-Dateien (Adobe) ▪ Einbindung z. B. von Kanälen, Ebenen, Slices, Masken, Filter ▪ Import in andere Adobe-Programme möglich
.qxd	QuarkXPress Document	Layout und Satz	▪ Proprietäres Dateiformat von QuarkXPress-Dateien (Quark) ▪ QuarkXPress wurde weitgehend durch InDesign verdrängt.
.raw	Raw CRW Canon DCR/DCS Kodak MRW/MDC Minolta NEF Nikon ORF Olympus X3F Sigma	Pixelgrafik	▪ Roh-Datenformat von Digitalkameras ▪ Geräteabhängig, deshalb kein einheitlicher Standard und keine einheitliche Dateiendung ▪ Spezielle Software zur Anzeige notwendig ▪ Verlustfreie Kompression möglich
.rtf	Rich Text Format	Text	▪ Austauschformat für Textdateien (Microsoft) ▪ Formatierung bleibt im Unterschied zu TXT weitgehend erhalten.
.sesx	Audition Session	Audio	▪ Proprietäres Dateiformat von Adobe Audition ▪ Mehrspurige Audiobearbeitung, Überblendungen, Effekte ▪ Zahlreiche Exportformate, z. B. aac, mp3
.step	Standard for the exchange of product model data	CAD	▪ Produktdaten des gesamten Lebenszyklus eines Produkts können dargestellt werden. ▪ Anwendungen neben CAD auch Computer Aided Manufacturing (CAM), Produktdatenmanagement (PDM), Computer Aided Engineering (CAE) ▪ In ISO-Norm 10303 definiert
.stl	Standard Tessellation Language	CAD	▪ Beschreibt die Oberfläche von 3D-Objekten mit Hilfe von Dreiecken. ▪ Gekrümmte Oberflächen werden durch triangulierte Oberflächen nur angenähert. Bei geringer Auflösung/Anzahl der Dreiecke gibt es größere Abweichung. ▪ Standardschnittstelle vom CAD zur Fertigung mit generativen Fertigungsverfahren/Rapid-Prototyping
.svg	Scalable Vector Graphics	Vektorgrafik	▪ Vektorformat v. a. für Webanwendungen ▪ XML-basiertes Format ▪ Skalierbar (Zoomfunktion auf Webseiten) ▪ Geringe Datenmenge durch vektorbasiertes Speichern
.tif .tiff	Tagged Image File (Format)	Pixelgrafik	▪ Standardformat für Printmedien ▪ Farbtiefe von 1 bis 48 Bit ▪ Alphakanäle möglich ▪ Wahlweise mit oder ohne Kompression ▪ Einbetten von ICC-Farbprofilen ▪ Erhalten der Photoshop-Ebenen möglich
.ttf	True Type Font	Schrift	▪ Verwendung von Unicode (65.536 Zeichen) ▪ Plattformübergreifender Einsatz (Windows/macOS)
.txt	Text	Text	▪ Austauschformat für Textdateien (Microsoft) ▪ TXT speichert nur den Text, keine Formatierungen.

Format	Name	Funktion	Merkmale
.wav	Wave	Audio	▪ Keine Kompression, daher maximale Qualität ▪ Hohe Datenmenge (ca. 10 MB/min). ▪ Konvertierung in andere Formate (z. B. .aac, .mp3) zur Verwendung in Digitalmedien empfehlenswert
.wma	Windows Media Audio	Audio	▪ Proprietäres Audioformat der Windows-Media-Technologie ▪ Wiedergabe mit Windows Media Player ▪ Streamingfähiges Format
.wmv	Windows Media Video	Video	▪ Proprietäres Videoformat der Windows-Media-Technologie ▪ Der Encoder für WMV-Dateien ist kostenlos. ▪ Wiedergabe mit Windows Media Player ▪ Streamingfähiges Format
.woff	Web Open Font Format	Schrift	▪ Komprimierendes Containerformat für Webfonts ▪ Schnelles Laden von Schriften von Webseiten ▪ Unterstützt Schriftformate wie OTF oder TTF
.xls **.xlsx**	Excel Sheet (X von eXtended)	Tabellen (Datenbank)	▪ Speicherformat für Excel-Dateien (Microsoft) ▪ Quasistandard bei Tabellenkalkulationssoftware
.xml	Extensible Markup Language	Workflow	▪ „Metasprache" zur Beschreibung von Dokumenten ▪ Medien- und ausgabeunabhängige Beschreibung von Dokumenten ▪ Zur Formatierung werden Stylesheet-Sprachen (XSL) verwendet.

2.3 Aufgaben

1 Dateien korrekt benennen

Kreuzen Sie an, welche der Dateinamen unter Windows oder macOS zulässig sind.

- [ ] brief.docx
- [ ] brief an oma.doc
- [ ] Bruder:Leon.rtf
- [ ] Opa_Gustav.txt
- [ ] Papa Klaus-Dieter.rtf
- [ ] Schwester/Miri.doc

2 Dateiformate im Printworkflow kennen

Tragen Sie in den Kästchen typische Dateiformate ein.

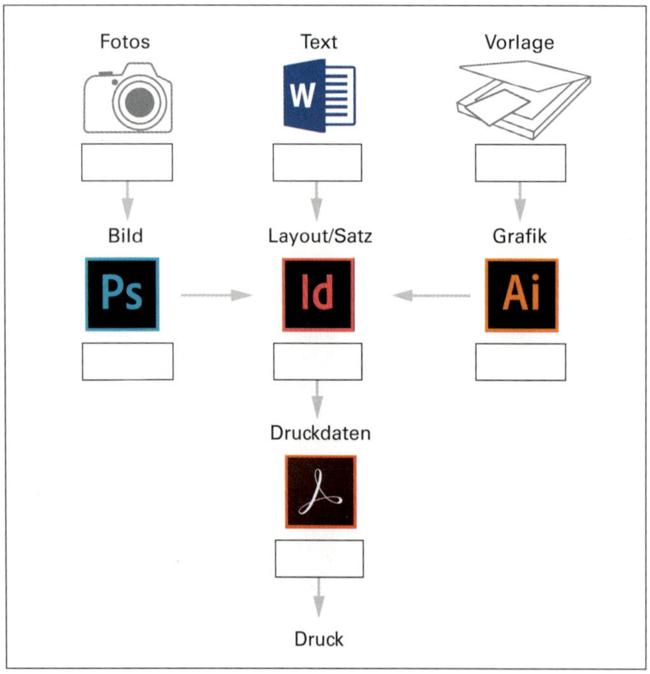

3 Unterschiede der Betriebssysteme kennen

Kreuzen Sie in der Tabelle an, welche Merkmale zutreffen:

a. Dateiname besitzt Dateiendung.
b. Groß-/Kleinschreibung wird unterschieden.
c. Sonderzeichen / und \ sind zulässig.
d. Dateityp wird anhand der Dateiendung erkannt.
e. Für Pfadangaben wird der Slash (/) verwendet.

	a.	b.	c.	d.	e.
Windows 10					
macOS					

4 Dateien richtig benennen

Bei Windows und macOS sind Umlaute und Leerzeichen in Dateinamen zugelassen.

a. Erklären Sie, weshalb Sie bei der Erstellung von Webanwendungen dennoch darauf verzichten sollten.

b. Notieren Sie hier die Zeichen, auf die Sie sich bei der Vergabe von Dateinamen beschränken sollten:

Buchstaben:

Ziffern:

Sonderzeichen:

5 Funktion der Dateiendung verstehen

Erklären Sie, weshalb korrekte Dateiendungen bei Windows 10 wichtiger sind als bei macOS.

6 Dateiformate zuordnen

Ordnen Sie die Dateiendungen zu.

.wav	.tif	.mov	.bmp
.txt	.mp3	.png	.mp4
.psd	.rtf	.aac	.jgp

a. Textdatei

b. Bilddatei

c. Sounddatei

d. Videodatei

7 Dateiformate im Digitalworkflow kennen

Tragen Sie in den Kästchen typische Dateiformate ein.

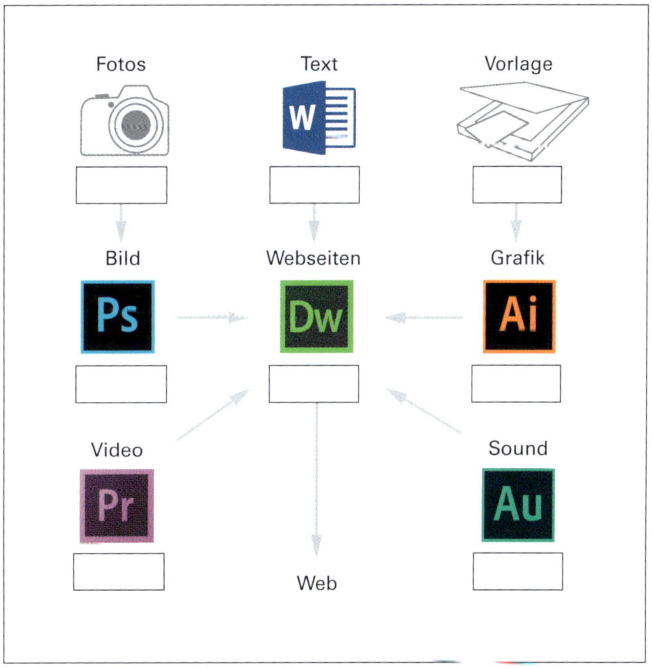

8 Bild- und Grafikformate zuordnen

Ordnen Sie den Dateiformaten für Pixel- und Vektorgrafiken (nächste Seite) ihren Verwendungszweck zu.

Kreuzen Sie in der Tabelle an, welche Merkmale zutreffen:
a. Format für Einsatz in Printmedien
b. Format für Einsatz in Digitalmedien
c. Proprietäres[1] Format
d. Austauschformat

	a.	b.	c.	d.
TIF				
EPS				
PSD				
GIF				
AI				
SVG				
PNG				
JPG				

9 Proprietäre Formate von Austauschformaten unterscheiden

Kreuzen Sie die proprietären Formate an und schreiben Sie das Programm dahinter.

- ☐ INDD ....
- ☐ EPS ....
- ☐ PSD ....
- ☐ FLA ....
- ☐ MP3 ....
- ☐ HTML ....
- ☐ DOCX ....
- ☐ TIF ....

1 Proprietäre Formate sind herstellerspezifisch, eignen sich also nicht als Austauschformate mit Programmen anderer Hersteller.

10 Dateiendungen kennen

Notieren Sie die proprietäre Dateiendung folgender Programme.

a. Adobe Photoshop

....

b. Adobe Illustrator

....

c. Adobe InDesign

....

d. Adobe InDesign (Austauschformat)

....

e. Adobe Animate

....

f. Adobe After Effects

....

g. Microsoft Word

....

h. Microsoft Excel

....

i. Microsoft PowerPoint

....

j. Microsoft Access

....

k. Maxon Cinema 4D

....

11 Dateiendungen kennen

Nennen Sie ein (oder mehrere) Dateiformat(e) für die Verwendung von

a. Vektorgrafiken in InDesign

b. Fotos in InDesign

c. Text (importiert) in InDesign

d. Vektorgrafiken auf Webseiten

e. Fotos auf Webseiten

f. Sound auf Webseiten

g. Video auf Webseiten

h. Animation auf Webseiten

12 Dateiformate kennen

Kreuzen Sie in der Tabelle an, um welches Format es sich bei der genannten Dateiendung handelt:

a. Textformat
b. Audioformat
c. Videoformat
d. Schriftformat
e. Format für Webanwendungen

Dateiendung	a.	b.	c.	d.	e.
.avi					
.txt					
.otf					
.mp3					
.htm					
.mp4					
.ttf					
.css					
.js					
.rtf					
.php					
.aac					

3.1 Die Macht der Daten(banken)

„Daten sind das Öl des 21. Jahrhunderts!", hat Stefan Gross-Selbeck, der bei eBay und Xing zum Multimillionär wurde, treffend formuliert. Denn wie bei Öl geht es auch bei Daten darum, diese zu gewinnen, zu verarbeiten und zu verkaufen.

Bei der Frage nach der „Verarbeitung" von Daten kommen Datenbanken ins Spiel. Sie haben die Aufgabe, *große Datenmengen in einer strukturierten Form widerspruchsfrei zu speichern und vor Verlust und unbefugtem Zugriff zu schützen.*

Datenbanken sind der wertvollste Schatz unserer globalisierten und vernetzten Welt. Wer Daten hat, hat Einfluss und Macht. Wer Daten hat, kann damit reich werden. Es gibt etliche Unternehmen, deren Marktwert letztlich auf Daten(banken) beruht, denken Sie an Facebook Inc., Alphabet (Google), Amazon.com.

Nun sagen Sie vielleicht: Ich bin Mediengestalter/in – Datenbanken ist Thema der Informatiker. Richtig ist, dass der Umgang mit Datenbanken und erst recht deren Entwurf Spezialisten erfordert. Dennoch ist die heutige Medienbranche so stark von der Informatik abhängig, dass alle Beteiligten zumindest eine gemeinsame Sprache sprechen müssen.

In dieser Buchreihe beschäftigen wir uns mit dem Thema „Datenbanken" in drei Bänden:

- In diesem Kapitel vermitteln wir Ihnen die Grundlagen der Datenbanktheorie und entwerfen schrittweise eine (kleine) Datenbank mit Hilfe von Microsoft Access (siehe Seite 64).
- Im Band *Webtechnologien* erfahren Sie, wie Sie auf Datenbanken mit Hilfe von Webformularen zugreifen können. Neben HTML5 setzen wir hierfür die Skriptsprachen PHP und SQL ein.
- Im Band *Crossmedia Publishing* lernen Sie den Zugriff auf Datenbank für deren Einsatz in Printmedien (InDesign) kennen. Als Skriptsprache kommt hierbei XML zur Anwendung.

P. Bühler et al., *Datenmanagement*, Bibliothek der Mediengestaltung, https://doi.org/10.1007/978-3-662-55507-1_3

3.2 Grundlagen der Datenbanktheorie

Bevor wir uns im nächsten Kapitel mit dem Entwurf einer Datenbank beschäftigen, führen wir Sie in die hierfür benötigten Grundlagen der Datenbanktheorie ein.

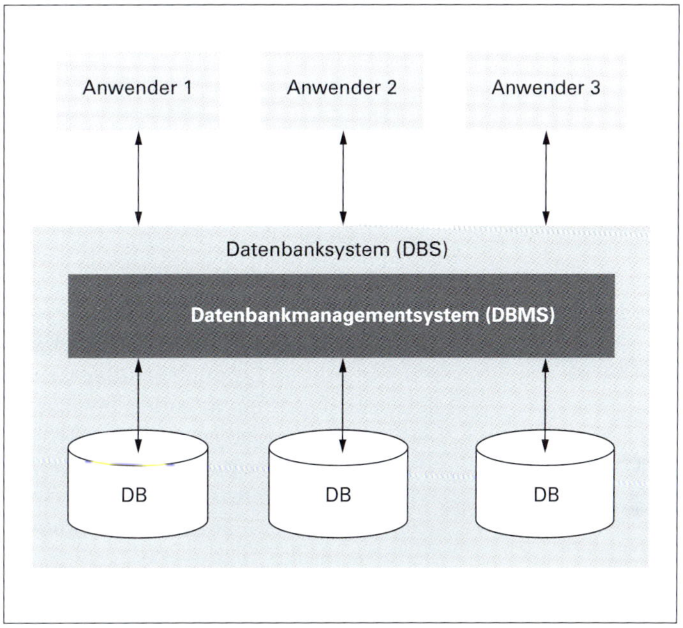

Datenbanksystem

Ein Datenbanksystem besteht aus Datenbanken und aus einem Datenbankmanagementsystem (DBMS).

Die Grafik zeigt ein Client-Server-System, bei dem sich sowohl die Datenbanken als auch das DBMS auf einem zentralen Server befinden.

3.2.1 Datenbanksysteme

Software, die die Erstellung, Verwaltung und den Zugriff auf Datenbanken ermöglicht, wird als *Datenbanksystem* (DBS) bezeichnet wird. Wie Sie in der Grafik rechts sehen, besteht ein Datenbanksystem aus *Datenbanken* (DB) und aus einem *Datenbankmanagementsystem* (DBMS) zur Verwaltung der Datenbanken. Die Aufgaben eines DBMS sind:

- Physikalische Verwaltung der Daten, so dass sich der Nutzer nicht darum kümmern muss (und auch nicht weiß), wo die Daten liegen.
- Bearbeitung von Datenbankabfragen (engl.: Query), die mit Hilfe der standardisierten Abfragesprache SQL erfolgen.
- Gewährleistung der Datensicherheit – auch nach einem Systemabsturz
- Gewährleistung des Datenschutzes über die Vergabe von Zugriffsrechten
- Zugriffsregelung bei gleichzeitigem Zugriff auf eine Datenbank durch mehrere Nutzer
- Bereitstellung von Werkzeugen für den Datenbankentwurf
- Bereitstellung von „Assistenten" z. B. für Berichte (Reports), Formulare und Abfragen
- Konvertieren der Daten in andere Formate (Datenexport)

Bei Datenbanksystemen werden grundsätzlich zwei Arten unterschieden:

Fileserver-System

Bei einem Fileserver-System liegen die Datenbanken an zentraler Stelle, entweder auf dem eigenen Computer (Einbenutzerbetrieb) oder auf einem Server (Mehrbenutzerbetrieb). Die Verwaltung mittels DBMS erfolgt clientseitig, also auf den Computern der Anwender.

Nachteil dieses Verfahrens ist die hohe Netzbelastung, da bei Abfragen unter Umständen eine große Menge an Datensätzen (zur lokalen Auswertung durch das DBMS) übertragen werden müssen. Fileserver-Systeme kommen deshalb nur bei kleineren Anwendungen in Frage.

Typische Vertreter von Fileserver-Datenbanksystemen finden Sie in der Tabelle auf der nächsten Seite.

Client-Server-System

Bei einem Client-Server-System befinden sich nicht nur die Datenbanken auf einem Server, sondern auch das Datenbankmanagementsystem.

Hieraus ergibt sich der Vorteil, dass Abfragen durch die Nutzer an zentraler

Datenbanksysteme

Die Tabelle zeigt eine Übersicht der wichtigsten Datenbanksysteme.

Datenbanksysteme					
Name	System	Art	Windows	macOS	Unix/Linux
Oracle	Client-Server	kommerziell	•		•
Microsoft SQL	Client-Server	kommerziell	•		•
MySQL	Client-Server	Open Source	•	•	•
PostgreSQL	Client-Server	Open Source	•		•
DB2 (IBM)	Client-Server	kommerziell	•		•
Microsoft Access	Fileserver	kommerziell	•		
Filemaker	Fileserver	kommerziell	•	•	

Stelle auf dem Server ausgewertet werden und nur die Ergebnisse über das Netzwerk übertragen werden müssen. Dies erhöht die Datensicherheit und verringert die Belastung des Netzwerks.

Client-Server-Systeme wie Microsoft SQL, MySQL oder Oracle ermöglichen die Realisierung sehr großer Datenbanken mit hoher Benutzeranzahl.

3.2.2 Datenbankmodelle

Bei einer Datenbank (DB) handelt es sich um eine strukturierte Sammlung von Daten, die in einem sachlogischen Zusammenhang stehen.

Es gibt mehrere Möglichkeiten, wie sich Daten strukturieren und anordnen lassen. Die wichtigsten Datenbankmodelle sind:

- *Hierarchische Datenbanken* besitzen die Struktur eines umgedrehten Baumes, der sich immer weiter verzweigt. Eine derartige Struktur finden Sie beispielsweise bei Dateisystemen (siehe Seite 37).
- *Objektorientierte Datenbanken* orientieren sich an der Struktur objektorientierter Programmiersprachen. Sie haben allerdings bislang eine geringe Verbreitung.
- Bei *relationalen Datenbanken* bilden Tabellen (Relationen) die Grundbausteine der Datenbank. Zur Abfrage der Datensätze kommt die Abfragesprache *SQL* zum Einsatz. Aufgrund ihrer bis heute großen Bedeutung gehen wir im Folgenden auf relationale Datenbanken ein.
- Ein neuerer Ansatz wird mit *dokumentorientierten Datenbanken* verfolgt, bei denen Dokumente die Grundbausteine der Datenbank bilden. Der Zugriff auf diese Dokumente erfolgt ohne SQL, weshalb auch von einem *NoSQL*-Modell gesprochen wird.

3.2.3 Relationale Datenbanken

Wie bereits erwähnt bestehen relationale Datenbanken aus Tabellen und sind aktuell die mit Abstand wichtigste Untergruppe der Datenbanken.

Tabelle (Relation) A
Tabellen bilden die „Bausteine" relationaler Datenbanken. Eine relationale Datenbank besteht aus mindestens einer, meistens aus mehreren Tabellen, die über *Schlüssel* miteinander in Beziehung stehen. Jede Tabelle besteht ihrerseits aus Datensätzen.

Datensatz (Tupel) B
Die Zeilen einer Tabelle werden als Datensätze oder Tupel bezeichnet.
Ein Datensatz besteht aus mehreren Datenfeldern **C**, z. B. Kundennummer, Nachname, Vorname, Anschrift, Tele-

(A) Tabelle (Relation)

(C) Datenfeld

Kundendaten

Kd-Nr	Nname	Vname	Straße	Plz	Ort	Tel	Mail
0001	Adler	Fritz	Hauptstr. 23	88214	Ravensburg	(0751)123456	f.adler@web.de
0002	Maier	Wolfgang	Gartenstr. 15	77933	Lahr	(07821)223344	maierle@gmx.de
0003	Franz	Justus	Holzweg 3	79576	Weil/Rhein	(07621)114488	justus.f@web.de
0004	Bauer	Paul	Hauptstr. 5	77960	Seelbach	(07823)876543	paule@freenet.de

Attribute (D)

Datensatz (Tupel) (B)

(E) (Primär-)Schlüssel

fonnummer und E-Mail-Adresse. Jeder Datensatz muss über einen sogenannten Schlüssel, z. B. die Kundennummer, eindeutig identifizierbar sein. Mit Hilfe einer Karteikarte bzw. mittels Formular wird jeweils ein Datensatz beschrieben.

Attribute D

Die einzelnen Zellen einer Tabelle werden als Datenfelder bezeichnet. Gleichartige Datenfelder, z. B. Nachnamen oder E-Mail-Adressen, sind spaltenweise angeordnet und werden in der Theorie Attribute genannt.

Jedes Attribut wird durch einen Feldnamen, z. B. „Nname" oder „Mail", bezeichnet und besitzt einen bestimmten Datentyp. Die wichtigsten Datentypen sind:

- Ganze Zahlen (INTEGER)
- Dezimalzahlen (FLOAT, DECIMAL)
- Zeichen (CHAR)
- Text (VARCHAR)
- Ja/Nein (BOOLEAN)
- Datum (DATE)
- Uhrzeit (TIME)
- Binäre Daten (BINARY)

Warum ist diese Unterscheidung wichtig? Erstens entscheidet der Datentyp über den benötigten Speicherplatz und damit letztlich auch über die Leistungsfähigkeit der Datenbank. Zweitens ist die Festlegung des Datentyps zur weiteren Verarbeitung der Daten erforderlich. So kann mit Zahlen gerechnet werden, z. B. Menge x Einzelpreis = Endpreis, aus Texten lassen sich beispielsweise E-Mails generieren, während binäre Datentypen z. B. Bilder speichern können.

Schlüssel E

Ein wesentliches Merkmal einer Datenbank ist, dass jeder Datensatz eindeutig identifizierbar sein muss. Für diesen Zweck wird in jeder Tabelle (mindestens) ein Schlüssel benötigt.

In der Kundendatenbank oben wurde die Kundennummer als Schlüssel definiert. Über einen Schlüssel wird der Zugriff auf Datensätze beschleunigt. Sein Wert wird vom DBMS automatisch vergeben (Autowert), so dass doppelte Werte nicht vorkommen können.

Mit Hilfe der Schlüssel lassen sich Tabellen miteinander verknüpfen, z. B. wenn ein Kunde Artikel bestellt, die in einer Artikeltabelle hinterlegt sind. Ein Schlüssel, der zur Identifikation der Datensätze der eigenen Tabelle dient, heißt *Primärschlüssel*. Wird dieser Schlüssel in einer Tabelle verwendet, die einen eigenen Primärschlüssel hat, spricht man von einem *Fremdschlüssel*.

Relationale Datenbank

Relationale Datenbanken bestehen aus einer oder mehreren Tabellen, die ihrerseits aus einzelnen Datensätzen bestehen.

3.3 Datenbankentwurf

Auftragserfassung

Eine Tabelle in dieser Form ist für die Umsetzung in einer Datenbank untauglich.

Aufträge

ANr	Datum	Kunde	Anschrift	Produkte
1	01.03.19	Fa. Winkler	Hauptstr. 23, 77652 Offenburg	Website
2	10.05.19	Firma Mayer	Gartenstr. 15, 77933 Lahr	Visitenkarten, Flyer, Logo
3	20.06.19	Fa. Schulz	Holzweg 3, 77960 Seelbach	Flyer
4	01.09.19	Firma Schmitt	Hauptstr. 5, 77933 Lahr	Website, Flyer
5	01.10.19	Winkler	Hauptstr. 23, 77652 Offenburg	Visitenkarten
6	01.10.19	Firma Schulz	Holzweg 3, 77960 Seelbach	Briefbogen

Nehmen wir an, dass Sie in einem Medienbetrieb arbeiten, in dem sämtliche Kundenaufträge in einer Excel-Tabelle (siehe oben) erfasst werden. Liegt hier bereits eine Datenbank vor?

Die Antwort ist eindeutig: Nein! Denn die Tabelle enthält Mängel und wird den Anforderungen an eine Datenbank nicht gerecht.

3.3.1 Anforderungen an eine Datenbank

Atomisierung

Durch die Erfassung der gesamten Anschrift in einem Datenfeld ist ein Sortieren der Datensätze, z. B. nach Postleitzahlen, nicht möglich. Auch ein Filtern der Daten, z.B. nach Kunden aus Seelbach, wäre nicht möglich.

Die Forderung lautet deshalb, dass die Daten eines Datensatzes so zerlegt werden müssen, dass sich in einem Datenfeld immer nur eine Information befindet. Man bezeichnet dies als atomisieren.

Datenkonsistenz

In der Tabelle wurde korrekterweise ein Primärschlüssel „ANr" festgelegt. Der Auftragsnummer kann das bestellte Produkt aber nicht eindeutig zugeordnet werden, da es Kunden gibt, die mehrere Produkte bestellt haben.

Ein weiterer Widerspruch besteht darin, dass die Firmen unterschiedlich bezeichnet wurden, z. B. als „Fa. Schulz" und als „Firma Schulz". Eine Abfrage würde ergeben, dass es sich um zwei unterschiedliche Firmen handelt.

Die zweite zentrale Forderung an eine Datenbank lautet, dass sie widerspruchsfrei oder *konsistent* sein muss.

Redundanzfreiheit

Bei jedem Auftrag wurde jedes Mal die gesamte Firmenanschrift eingetragen. Dies macht nicht nur Mühe und braucht Speicherplatz, sondern birgt auch Gefahren: Ändert sich eine Kundenanschrift, muss diese Änderung in mehreren Datensätzen vorgenommen werden, da die Datenbank sonst inkonsistent würde.

Die dritte Forderung an eine Datenbank ist deshalb, dass sie keine mehrfachen Informationen enthalten darf. Man sagt, dass sie *redundanzfrei* sein muss.

Datensicherheit

Die Daten einer Datenbank müssen vor Verlust sicher sein. Im Unterschied zu den meisten anderen Programmen werden die Datensätze einer Datenbanken deshalb immer sofort gespeichert und nicht erst durch Anklicken eines Speicher-Buttons.

Datenschutz
Die Skandale der letzten Zeit haben gezeigt, dass der Datenschutz, also der unerlaubte Zugriff oder die Manipulation personenbezogener Daten, ein wichtiges Thema ist! Mehr zum Thema Datenschutz finden Sie ab Seite 81.

Mehrbenutzerbetrieb
Mehrere Nutzer müssen gleichzeitig auf eine Datenbank zugreifen können, ohne dass es hierdurch zu fehlerhaften Daten kommen kann. Hierzu gehört auch die Regelung der Zugriffsrechte, also die Frage, wer welche Daten verändern darf.

Bottom-up- oder Top-down-Entwurf?
Nachdem geklärt ist, dass die obige Tabelle noch keiner Datenbank entspricht, stellt sich die Frage nach der weiteren Vorgehensweise:

Nachdem alle Daten bereits erfasst sind, könnten sie so weit verändert werden, bis die Forderungen an eine Datenbank erfüllt sind. Diese Vorgehensweise von oben nach unten (Top-down) wird als *Normalisierung* bezeichnet.

Die zweite Möglichkeit besteht darin, nochmals von vorne zu beginnen und von Anfang an darauf zu achten, dass die Forderungen an eine Datenbank erfüllt sind. Für diese Vorgehensweise von unten nach oben (Bottom-up) kann beispielsweise das *Entity-Relationship-Modell* verwendet werden, das wir ab Seite 59 vorstellen.

3.3.2 Normalisierung

Gemäß letztem Abschnitt lauten die Hauptforderungen an Datenbanken:

- Atomisierung
- Datenkonsistenz
- Redundanzfreiheit

Um diese Ziele zu erreichen, müssen die Datensätze auf mehrere Tabellen verteilt werden. Der Vorgang wird als Normalisierung bezeichnet, wobei drei sogenannte *Normalformen* unterschieden werden.

1. Normalform
Im ersten Schritt erfüllen wir die Forderung nach Atomisierung der Tabelle:

1. Normalform

Eine Tabelle befindet sich in der 1. Normalform, wenn jedes Datenfeld nur einen Eintrag enthält.

Aufträge

ANr	Datum	Firma	Straße	Nr	Plz	Ort	Produkt
1	01.03.19	Winkler	Hauptstraße	23	77652	Offenburg	Website
2	10.05.19	Mayer	Gartenstraße	15	77933	Lahr	Visitenkarten
2	10.05.19	Mayer	Gartenstraße	15	77933	Lahr	Flyer
2	10.05.19	Mayer	Gartenstraße	15	77933	Lahr	Logo
3	20.06.19	Schulz	Holzweg	3	77960	Seelbach	Flyer
4	01.09.19	Schmitt	Hauptstraße	5	77933	Lahr	Website
4	01.09.19	Schmitt	Hauptstraße	5	77933	Lahr	Flyer
5	01.10.19	Winkler	Hauptstraße	23	77652	Offenburg	Visitenkarten
6	01.10.19	Schulz	Holzweg	3	77960	Seelbach	Briefbogen

1. Normalform
Merkmal der 1. Normalform ist, dass in jeder Zelle nur noch eine Information steht.

Wenn Sie die Tabelle in der 1. Normalform betrachten, stellen Sie fest:

- Jedes Datenfeld enthält genau einen Eintrag. Die Tabelle kann nun nach beliebigen Attributen (also spaltenweise) sortiert werden.
- Filtern bestimmter Datensätze wird möglich, z. B. alle Aufträge der Firma Winkler, alle Aufträge für Flyer oder alle Aufträge im ersten Quartal.
- Die Datensätze sind jedoch nicht konsistent, weil der Primärschlüssel „ANr" einen Datensatz nicht mehr eindeutig identifiziert.
- Die Tabelle ist nicht redundanzfrei. Die Redundanz hat im Vergleich zur ersten Tabelle sogar zugenommen.

2. Normalform

Zur Reduktion der Redundanz muss die Tabelle zerlegt werden. Wie Sie unten sehen, wurden für die Produkte und für die Kunden weitere Tabelle erstellt.

2. Normalform

Eine Tabelle befindet sich in der 2. Normalform, wenn
- sie sich in der 1. Normalform befindet und
- alle Datenfelder von einem (zusammengesetzten) Schlüssel funktional abhängig sind.

Die abstrakte Formulierung der „funktionalen Abhängigkeit" lässt sich anhand des Beispiels erklären:

- Die Tabelle „Produkte" besitzt einen Schlüssel „PNr". Von diesem Schlüssel ist das Attribut „Produkt" funktional abhängig: Zu jeder Produktnummer gibt es genau ein Produkt.
- Auch die Tabelle „Kunden" besitzt einen Schlüssel „KNr". Von diesem Schlüssel sind die Attribute „Firma", „Straße", „Plz" und „Ort" ebenfalls funktional abhängig: Jeder Kunde besitzt genau eine Anschrift.
- Die Tabelle „Aufträge" enthält nun neben dem Primärschlüssel „ANr" die beiden Fremdschlüssel „PNr" und „KNr". Das Datum als verbleibendes Datenfeld ist vom zusammengesetzten Schlüssel „ANr" und „PNr" funktional abhängig: Aus jedem Schlüsselpaar folgt genau ein Datum und genau eine Kundennummer.
- Einziger Schönheitsfehler ist, dass die Datenbank noch immer nicht komplett redundanzfrei ist, weil zu jeder Postleitzahl genau ein Ort gehört. Es reicht also aus, dies einmal zu speichern.

2. Normalform

Mit der Kombination von Auftrags- und Produktnummer lässt sich der bestellende Kunde eindeutig zuordnen.

Aufträge

ANr	PNr	Datum	KNr
1	1	01.03.19	1
2	2	10.05.19	2
2	4	10.05.19	2
2	5	10.05.19	2
3	5	20.06.19	3
4	1	01.09.19	4
4	5	01.09.19	4
5	2	01.10.19	1
6	3	01.10.19	3

Produkte

PNr	Produkt
1	Website
2	Visitenkarten
3	Briefbogen
4	Logo
5	Flyer

Kunden

KNr	Firma	Straße	Nr	Plz	Ort
1	Winkler	Hauptstraße	23	77652	Offenburg
2	Mayer	Gartenstraße	15	77933	Lahr
3	Schulz	Holzweg	3	77960	Seelbach
4	Schmitt	Hauptstraße	5	77933	Lahr

Aufträge

ANr	PNr	Datum	KNr
1	1	01.03.19	1
2	2	10.05.19	2
2	4	10.05.19	2
2	5	10.05.19	2
3	5	20.06.19	3
4	1	01.09.19	4
4	5	01.09.19	4
5	2	01.10.19	1
6	3	01.10.19	3

Produkte

PNr	Produkt
1	Website
2	Visitenkarten
3	Briefbogen
4	Logo
5	Flyer

Kunden

KNr	Firma	Straße	Nr	Plz
1	Winkler	Hauptstraße	23	77652
2	Mayer	Gartenstraße	15	77933
3	Schulz	Holzweg	3	77960
4	Schmitt	Hauptstraße	5	77933

Orte

Plz	Name
77652	Offenburg
77933	Lahr
77960	Seelbach

3. Normalform
Durch Auslagerung der Orte in eine separate Tabelle ergibt sich eine redundanzfreie Datenbank.

3. Normalform
In der dritten Stufe der Normalisierung werden die verbliebenen Redundanzen beseitigt.

3. Normalform

Eine Tabelle befindet sich in der 3. Normalform, wenn
- sie sich in der 2. Normalform befindet und
- alle Datenfelder, die keine Schlüssel sind, nicht funktional abhängig sind.

Die 3. Normalform sorgt also dafür, dass alle Datenfelder, die keine Schlüssel sind, voneinander unabhängig sind. In unserem Beispiel wurde eine dritte Tabelle Orte eingefügt und die Postleitzahl zum Primärschlüssel gemacht. Die funktionale Abhängigkeit von Postleitzahl und Ort wurde somit aufgelöst.

Für die Datenerfassung ergibt sich hieraus der Vorteil, dass die Eingabe der Postleitzahl genügt, weil der zugehörige Ort automatisch verknüpft wird. Auch Fehleingaben wie „Ofenburg" werden hierdurch vermieden.

Der Prozess der Normalisierung ist mit der 3. Normalform abgeschlossen. Für die Datenbank bestehend aus vier Tabellen gilt nun, dass die enthaltenen Daten atomisiert, redundanzfrei und konsistent sind.

Einen Nachteil bringt die Normalisierung einer Datenbank leider mit sich: Die Lesbarkeit verschlechtert sich mit jeder weiteren Tabelle deutlich. Damit wird klar, dass für den Einsatz von Datenbanken ein DBMS erforderlich ist, das sich im Hintergrund um die Datenverwaltung und -organisation kümmert, ohne dass der Nutzer dies bemerkt.

3.3.3 Beziehungen

Im letzten Abschnitt haben Sie gesehen, wie sich eine Datenstruktur durch Normalisierung (Top-down-Verfahren) in eine Datenbank überführen lässt. Die Vorgehensweise bestand darin, eine Gesamttabelle Schritt für Schritt in mehrere Tabellen zu zerlegen und die Beziehungen zwischen den Tabellen über Schlüssel herzustellen.

Nun kann auch umgekehrt vorgegangen werden (Bottom-up-Methode): Zusammengehörende Daten werden in Tabellen erfasst. Im nächsten Schritt wird überprüft, welche Beziehungen zwischen den Tabellen bestehen, die über Schlüssel hergestellt werden.

Tabellen lassen sich (ohne Daten) in kompakter Form durch Angabe ihres Namens, der Attribute und des Schlüssels darstellen. Zur Kennzeichnung des Schlüssels wird dieser unterstrichen:

Name
Schlüssel
Attribut 1
Attribut 2
Attribut 3

1:1-Beziehung
Eine 1:1-Beziehung besteht immer dann, wenn zwischen zwei Objekten in beiden Richtungen eine eindeutige Beziehung besteht. 1:1-Beziehungen werden in *einer* Tabelle notiert und mit einem Schlüssel versehen.

Beispiel 1
- Jede/r Schulleiter/in leitet *genau eine* Schule.
- Jede Schule wird von *genau einem/r* Schulleiter/in geleitet.

Schule
SNr
Schulname
Schulleiter/in

Beispiel 2
- Jede Firma hat *genau eine* Anschrift.
- Jede Anschrift ist *genau einer* Firma zugeordnet.

Kunden
KNr
Firma
Straße
Hausnummer
Postleitzahl
Ort

Hinweis: Zwischen Postleitzahl und Ort bzw. Ortsteil besteht eine 1:1-Beziehung, die ausgelagert werden kann.

1:n-Beziehung
Eine 1:n-Beziehung liegt dann vor, wenn ein Objekt 1 mehrfach mit Objekt 2 verbunden sein kann. Umgekehrt gehört zu jedem Objekt 2 *genau ein* Objekt 1.

Bei der Umsetzung als Datenbank werden für 1:n-Beziehungen zwei Tabellen benötigt, die über einen Schlüssel verbunden werden.

Beispiel 1
- Jede Klasse hat mehrere Schüler/innen.
- Jede/r Schüler/in gehört zu genau einer Klasse.

Klasse
KlNr
Klassenname
Klassenlehrer

1 — n

Schüler
SNr
Vorname
Nachname
KlNr

Beispiel 2
- Jeder Kunde kann mehrere Aufträge erteilen.
- Zu jedem Auftrag gehört genau ein Kunde.

Kunden
KNr
Firma
Straße
Hausnummer
Postleitzahl
Ort

1 — n

Aufträge
ANr
Datum
Produkt
KNr

m:n-Beziehung
Eine m:n-Beziehung liegt dann vor, wenn ein Objekt 1 mehrfach mit einem Objekt 2 verbunden sein kann und dies umgekehrt auch gilt.

m:n-Beziehungen sind beim Datenbankentwurf nicht zulässig, weil sich damit keine eindeutigen Beziehungen zwischen zwei Tabellen herstellen lassen. Sie müssen deshalb durch Hinzunahme einer weiteren Tabelle in zwei 1:n-Beziehung aufgelöst werden.

Beispiel 1

- Ein/e Lehrer/in unterrichtet mehrere Schüler/innen.
- Jede/r Schüler/in wird von mehreren Lehrern/innen unterrichtet.

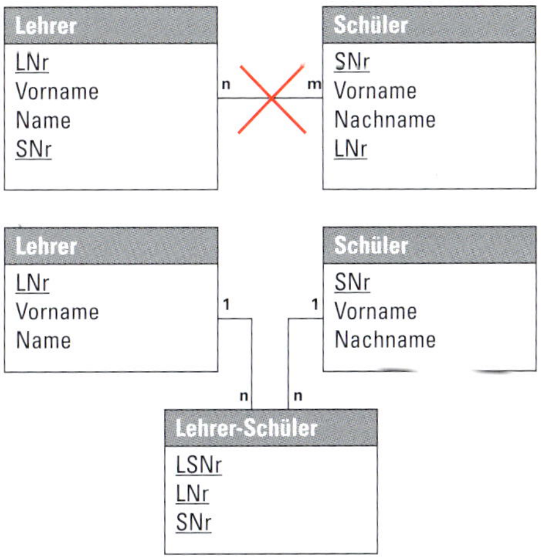

Beispiel 2

- Jeder Kunde kann mehrere Produkte bestellen.
- Jedes Produkt kann von mehreren Kunden bestellt werden.

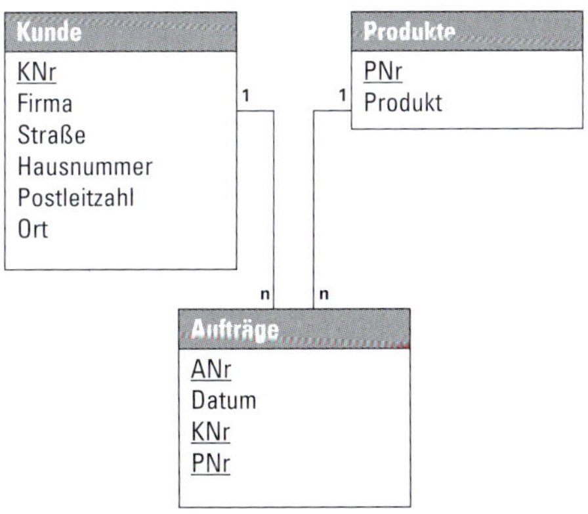

Hinweis: Die Struktur entspricht exakt der 2. Normalform auf Seite 56.

3.3.4 Entity-Relationship-Modell

Das *Entity-Relationship-Modell (ER-Modell)* dient dazu, Datenbanken losgelöst von der technischen Umsetzung (Tabellen, Attributen und Schlüssel) auf der inhaltlichen (semantischen) Ebene zu beschreiben. Somit können sich auch Anwender, die technische Laien sind, mit Datenbanken auseinandersetzen.

Für den Entwurf in der sogenannten *Chen-Notation* werden drei grafische Elemente unterschieden:

- *Entitätstyp*
  Der komplizierte Begriff steht für Objekte oder Personen, denen Eigenschaften zugeordnet werden können, z. B. Produkte, Kunden, Aufträge. Aus jeder Entität wird bei der späteren Umsetzung eine Tabelle.
- *Attribute*
  Jede Entität hat Eigenschaften oder Attribute, z. B. haben Kunden einen Namen und eine Anschrift. Aus diesen Attributen werden bei der Umsetzung Tabellenspalten.
- *Beziehung*
  Zwischen den Entitäten lassen sich Beziehungen herstellen, z. B. Kunde „kauft" Produkte oder Kunde „erteilt" Aufträge. Beziehungen werden bei der Umsetzung über Tabellenschlüssel realisiert.

Mit Hilfe dieser grafischen Elemente lassen sich Datenstrukturen in ähnlicher Weise darstellen, wie wir es im letzten Kapitel getan haben. Wir stellen Ihnen dies an den Beispielen aus dem letzten Abschnitt vor.

Entitätstypen und Attribute

Beispiel 1
Der Entität *Schule* sind drei Attribute zugeordnet: Schulnummer, Schulname und Schulleiter/in.

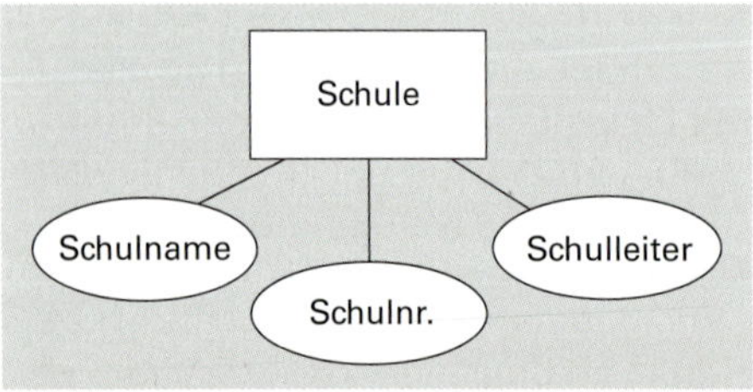

Beispiel 2
Der Entität *Kunden* sind Kundennummer und Anschrift zugeordnet.

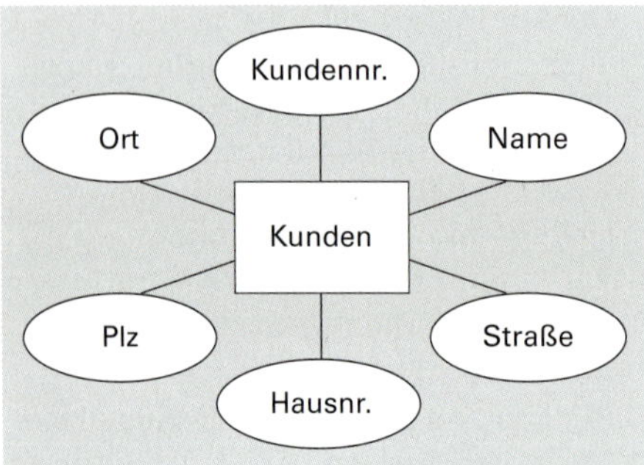

Beziehungen
(1:n-)Beziehungen zwischen zwei Entitäten werden mit einer Raute dargestellt.

Beispiel 1
In einer Klasse befinden sich mehrere Schüler/innen. Jede/r Schüler/in ist in genau einer Klasse.

Beispiel 2
Ein Kunde kann mehrere Aufträge erteilen. Jedem Auftrag ist aber genau ein Kunde zugeordnet.

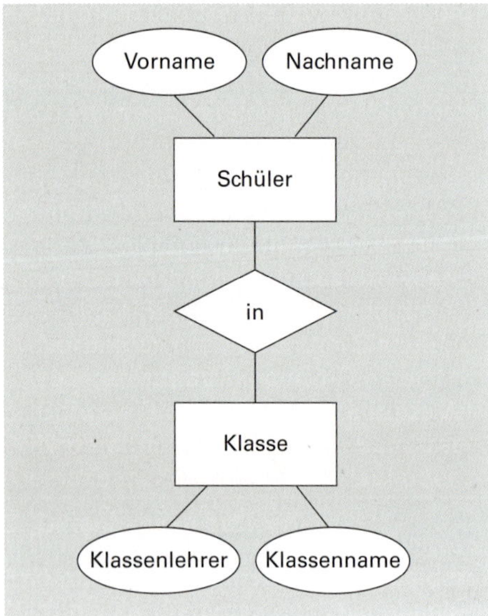

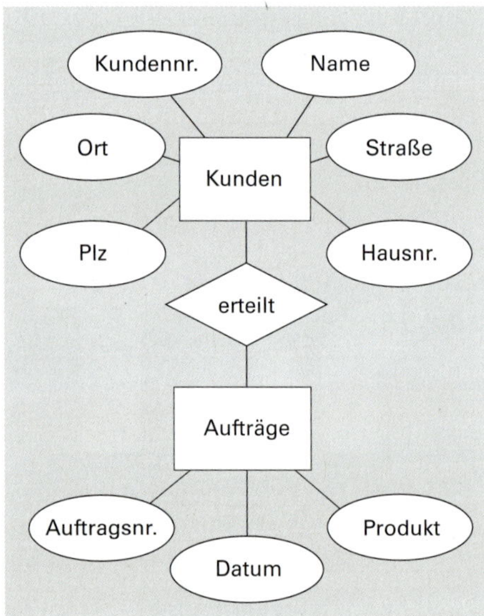

Auch bei diesem Entwurfsverfahren gilt, dass m : n-Beziehungen nicht erlaubt sind und durch Einfügen einer zusätzlichen Entität aufgelöst werden müssen. Eine Beziehung von Kunden und Produkten kann nicht funktionieren,

Datenbankentwurf und -erstellung

Die Grafik links zeigt das ER-Modell des „Medienbetriebs“.
Rechts ist die Umsetzung der Datenbank mit Hilfe von Microsoft Access zu sehen. Die Beziehungen werden mit Hilfe von Schlüsseln realisiert.

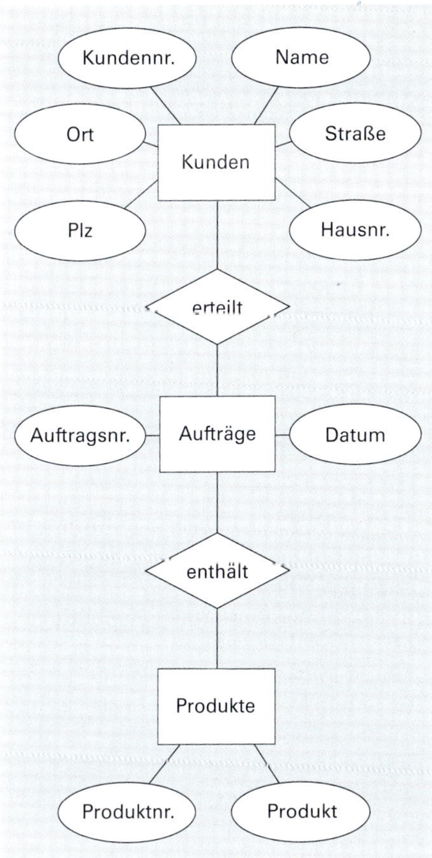

weil jeder Kunde mehrere Produkte bestellen und jedes Produkt von mehreren Kunden bestellt werden kann. Um dies zu vermeiden wurde in der Grafik oben die Entität *Aufträge* zwischen *Kunden* und *Produkten* eingefügt.

Erstellung der Datenbank

Ist die ER-Modellierung fertiggestellt, kann mit der Umsetzung in eine Datenbank begonnen werden. Hierbei wird folgendermaßen vorgegangen:

- Aus jedem Entitätstyp (Rechteck) wird eine Tabelle.
- Die Attribute (Ellipsen) werden zu Tabellenspalten.

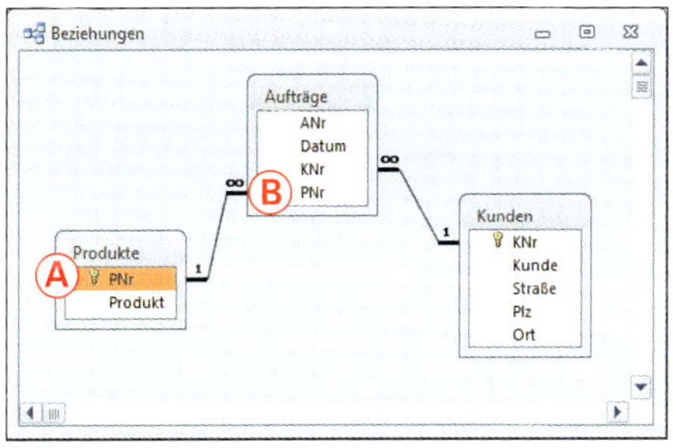

- Beziehungen werden realisiert, indem Primärschlüssel **A** (KNr, ANr, PNr) als Fremdschlüssel **B** in den zu verbindenden Tabellen eingetragen werden. (Statt „n“ wird hier das ∞-Zeichen verwendet, das in der Mathematik für „unendlich“ steht.)

Wie Sie im Screenshot (Microsoft Access) sehen, entspricht der Datenbankentwurf exakt dem ER-Diagramm.

3.3.5 Referenzielle Integrität

Der kompliziert klingende Begriff der *referenziellen Integrität* bedeutet, dass ein Datenbanksystem (DBS) sicherstellen muss, dass die Beziehungen zwischen Tabellen nicht zu Fehlern (Dateninkonsistenzen) führen. Hierzu zwei Beispiele:

- Würde ein Produkt gelöscht, das schon einmal bestellt wurde, dann würde die Auftragstabelle fehlerhaft, da es das verknüpfte Produkt nicht (mehr) gibt.
- Würde ein Kunde gelöscht, der schon einmal etwas bestellt hat, würde dies ebenfalls zu einem Fehler in der Auftragstabelle führen.

Durch referenzielle Integrität wird verhindert, dass das Löschen des Produktes oder des Kunden möglich ist (selbst wenn es Produkt oder Kunde nicht mehr gibt). Die Konsistenz der Datenbank ist oberstes Gebot!

3.4 SQL

3.4.1 Bedeutung

Wie Sie wissen, sind HTML5 und CSS3 die Sprachen des Internets (genauer: des WWW). Sie sind – für die Nutzer im Normalfall unbemerkt – für die Darstellung von Webseiten im Browser verantwortlich.

Bei Datenbanken ist dies ganz ähnlich: Auch hier existiert eine Sprache, *SQL*, die für die Erstellung und den Zugriff auf Datenbanken zuständig ist. Wir Anwender merken nichts davon, weil es Benutzeroberflächen gibt, die einen komfortablen Zugriff auf Datenbanken ermöglichen.

Bei *SQL, Structured Query Language*, handelt es sich um eine Abfragesprache (query, dt.: Abfrage) für Datenbanken. SQL ist ISO-standardisiert und plattformunabhängig, wobei es verschiedene Sprachversionen bzw. -dialekte gibt. Die wesentlichen Aufgaben von SQL sind,

- relationale Datenbanken und deren Tabellen zu erzeugen,
- Datensätze einzugeben, zu ändern oder zu löschen,
- Datensätze abzufragen.

Ob Sie als Datenbankentwickler/in SQL benötigen oder nicht, hängt davon ab, *womit* Sie die Datenbanken erzeugen. Wie bei „Webbaukästen", die ein Zusammenklicken der Webseiten ohne HTML5-Kenntnisse ermöglichen, lassen sich auch Datenbanken, z. B. mit Microsoft Access oder Filemaker, ohne SQL-Kenntnisse erzeugen und pflegen.

Auf dieser Doppelseite stellen wir Ihnen dennoch die wichtigsten SQL-Befehle vor, weil dies zu den Datenbank-Grundlagen einfach dazugehört.

Wenn Sie sich für eine konkrete Anwendung von SQL interessieren, dann emfehlen wir Ihnen den Band *Webtechnologien* in dieser Buchreihe.

3.4.2 SQL-Befehle

Im Vergleich zu HTML5 und CSS3 ist der „Wortschatz" von SQL relativ begrenzt und einigermaßen leicht zu verstehen – sehen wir einmal von komplexen Anwendungen des `SELECT`-Befehls ab.

Datenbank erstellen/löschen
Der SQL-Befehl, um eine neue Datenbank *medienbetrieb* zu erstellen, lautet:

Datenbank erstellen

```
CREATE DATABASE medienbetrieb;
```

Erklärungen:

- Üblicherweise werden SQL-Befehle mit Großbuchstaben. Dies ist jedoch keine Pflicht.
- Die Datenbank ist noch leer, enthält also noch keine Tabelle.
- Der Befehl zum Löschen einer Datenbank heißt `DROP DATABASE`.

Tabellen erstellen/ändern/löschen
Die Erzeugung einer Tabelle *kunden* ist umfangreicher, weil sämtliche Spalten der Tabelle und deren Eigenschaften (Attribute) angegeben werden müssen. Betrachten wir hierzu ein Beispiel:

Tabelle erstellen

```
CREATE TABLE medienbetrieb.kunden
(knr INT(6) NOT NULL AUTO_INCREMENT,
 name VARCHAR(30),
 strasse VARCHAR(30),
 nr INT(4),
 plz VARCHAR(5),
 ort VARCHAR(30),
 PRIMARY KEY (knr)
);
```

Erklärungen:

- Die Kundennummer (`knr`) erhält den Datentyp `INT` (Integer) für ganze Zahlen. Weiterhin muss hier immer ein Eintrag erfolgen (NOT NULL), da die Kundennummer als Primärschlüssel (PRIMARY KEY) dient. Die Angabe AUTO_INCREMENT besagt, dass die Nummer vom Datenbanksystem automatisch hochgezählt wird.

- Die Attribute name, strasse, plz und ort sind vom Datentyp VARCHAR, bestehen also aus einer variablen Anzahl Zeichen (hier: 30 bzw. 5 Zeichen).
- Die SQL-Befehle zum Verändern bzw. Löschen einer Tabelle heißen ALTER TABLE bzw. DROP TABLE.

Datensätze eingeben

Nachdem die Tabellen definiert sind, erfolgt im nächsten Schritt die Eingabe der Datensätze.

Datensatz eingeben

```
INSERT INTO medienbetrieb.kunden
(name, strasse, nr, plz, ort)
VALUES ("Winkler", "Hauptstraße", 23,
"77652", "Offenburg");
```

Erklärungen:

- Die Kundennummer wird automatisch generiert und hochgezählt (s.o.).
- Texte müssen in Anführungszeichen oder Hochkommas gesetzt werden.

Datensätze ändern

Eine nachträgliche Änderung eines Datensatzes erfolgt mit Hilfe des UPDATE-Befehls. Im Beispiel links unten wird also die gesamte Anschrift des Kunden mit der Kundennummer 5 geändert.

Datensatz ändern

```
UPDATE medienbetrieb.kunden
SET strasse="Gartenstraße", nr=5,
plz="77933", ort="Lahr"
WHERE knr = 5;
```

Datensätze löschen

Mit entsprechenden Zugriffsrechten ist auch das Löschen von Datensätzen möglich. Gelöscht wird der Datensatz mit der Kundennummer 5.

Datensatz löschen

```
DELETE FROM medienbetrieb.kunden
WHERE knr = 5;
```

Datensätze abfragen

SELECT ist ein sehr mächtiger SQL-Befehl, der komplexe Abfragen ermöglicht. In der Tabelle finden Sie einige einfache Beispiele.

Datensatz abfragen

Abfrage aller (*) Datensätze der Tabelle Kunden:

```
SELECT *
FROM medienbetrieb.kunden;
```

Abfrage der Anschrift aller Kunden mit dem Namen „Mayer":

```
SELECT name,strasse,nr,plz,ort
FROM medienbetrieb.kunden
WHERE name LIKE "Mayer";
```

Abfrage aller Datensätze geordnet nach Postleitzahlen:

```
SELECT *
FROM medienbetrieb.kunden
ORDER BY plz;
```

Making of ...

W3-Schools ist ein interaktives Lernprogamm, u. a. auch für SQL.

w3schools.com

1 Öffnen Sie www.w3schools.com/sql.

2 Wählen Sie links den gewünschten SQL-Befehl aus.

3 Durch Anklicken von *Try it yourself* gelangen Sie in einen Editor, in dem Sie SQL-Befehle direkt eingeben und testen können.

3.5 Datenbanken mit Microsoft Access

3.5.1 Warum Microsoft Access?

Als Mac-User werden Sie an dieser Stelle sagen: Warum wurde mit *Access* eine Software gewählt, die es nur für Windows gibt?

Sie haben vollkommen recht und wir sind damit auch nicht zufrieden. Doch leider haben wir kein Datenbanksystem gefunden, das unter macOS *und* Windows läuft, denn *FileMaker* läuft nur auf dem Mac und ist zudem relativ teuer (ca. 19 €/Monat, Stand: 2019). Das Microsoft-Paket *Office 365 University*, das neben *Access* unter anderem auch Word, Excel und PowerPoint enthält, kostet aktuell für Schüler und Studenten für vier Jahre einmalig 79 €. Dies ist – wie wir finden – ein fairer Preis.

Der zweite Grund, weshalb wir uns für *Access* entschieden haben, ist die leicht erlernbare Bedienung der Software, ohne dass Sie hierfür SQL-Kenntnisse (siehe Seite 62) benötigen.

Der dritte Grund schließlich ist, dass die Anzahl an Windows-Usern (ca. 88 %[1]) im Vergleich zu Apple-Usern (ca. 9 %) deutlich größer ist, und wir uns deshalb für die größerer Zielgruppe unter Ihnen, liebe Leserinnen und Leser, entschieden habe.

Das nützt Ihnen nichts, wenn Sie vor Ihrem Mac sitzen und Datenbanken erstellen wollen. Eine Alternative zu *FileMaker* könnte *Ninox Database* sein, das Sie für derzeit knapp 40 € im App-Store von Apple erwerben können.

Alternativ könnten Sie Ihren Mac z. B. mit *Boot Camp* oder *Parallels Desktop* mit einem Windows-Betriebssystem ausstatten und danach *Access* verwenden.

3.5.2 Szenario

Im Folgenden erstellen Sie eine Access-Datenbank Ihrer DVD-Sammlung oder Ihrer Lieblingsfilme. In der Datenbank sollen folgende Informationen gespeichert und abrufbar sein:

- Infos über *Filme:*
  Titel, Erscheinungsjahr, Dauer, Genre, FSK (empfohlenes Mindestalter), Filmcover, Regisseur, Hauptdarsteller
- Infos über *Regisseure:*
  Vor- und Nachname, Nationalität, Geburtsdatum, Filmografie
- Infos über *Schauspieler/innen:*
  Vorname, Nachname, Nationalität, Geburtsdatum, Filmografie

3.5.3 Vorbereitung

Um den Umgang mit Access-Datenbanken üben zu können, sollten Sie obige Informationen für mindestens zwanzig Filme vorbereiten. Laden Sie zu Übungszwecken (und ausschließlich zur privaten Nutzung) die Filmcover aus dem Internet herunter und speichern Sie diese als JPG-Dateien in einem Ordner „Filmcover" ab.

Bei Interesse können Sie zusätzlich jeweils ein Foto des Regisseurs bzw. Schauspielers abspeichern – aus urheberrechtlichen Gründen verzichten wir an dieser Stelle darauf.

1 Quelle: https://netmarketshare.com, Stand: 12|2018

Szenario

Zur Einführung in Microsoft Access erstellen Sie eine Datenbank Ihrer Lieblingsfilme.

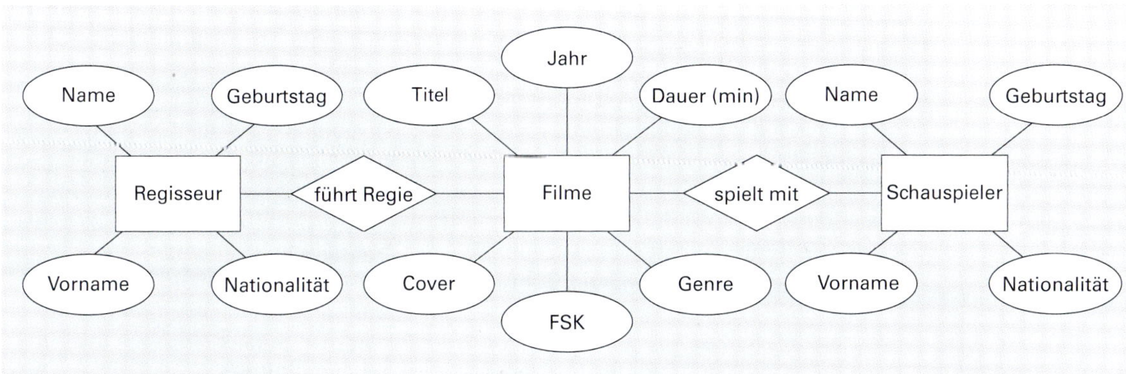

3.5.4 Datenbankentwurf

Für den Datenbankentwurf verwenden wir das auf Seite 59ff eingeführte ER-Modell. Die Grafik oben zeigt ein mögliches Ergebnis. Wie Sie wissen, symbolisiert

- jedes *Rechteck* eine Tabelle,
- jede *Ellipse* eine Tabellenspalte (Attribut),
- jede *Raute* eine Beziehung zwischen den Tabellen.

Im nächsten Schritt überprüfen wir die Beziehungen:

Bei der Beziehung zwischen Regisseur und Film handelt es sich um eine *1: n-Beziehung*:

- Jeder Film hat einen Regisseur[2].
- Jeder Regisseur führt in n Filmen Regie.

Problematischer ist die Beziehung zwischen Film und Schauspieler, da es sich um eine *m : n-Beziehung* handelt.

- In jedem Film spielen n Schauspieler.
- Jeder Schauspieler spielt in m Filmen.

m : n-Beziehungen lassen sich nicht umsetzen und müssen durch Einfügen einer Hilfstabelle in zwei 1 : n-Beziehungen aufgelöst werden.

2 Es gibt auch Filme mit zwei Regisseuren, aber davon sehen wir hier einmal ab.

3.5.5 Leere Datenbank

Den obigen Entwurf unserer Filmdatenbank setzen wir nun in *Access* um.

Making of ...

1 Starten Sie *Access* und klicken Sie auf *Leere Datenbank*.

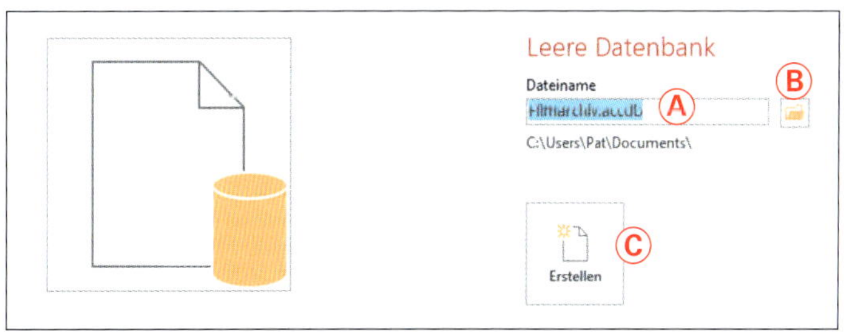

2 Im Unterschied zu allen anderen Programmen werden Datenbanken immer gleich zu Beginn gespeichert: Vergeben Sie hierzu den gewünschten Dateinamen **A** (hier: *Filmarchiv*) und wählen Sie den Speicherort **B** aus.

3 Erstellen Sie die Datenbank durch Anklicken des Buttons *Erstellen* **C**.

ER-Modell

Das ER-Modell hilft beim Entwurf von Datenbanken, ohne dass Sie sich über die spätere Umsetzung Gedanken machen müssen.

3.5.6 Tabellen

In Ihrer neuen Datenbank befindet sich bereits eine (leere) Tabelle. Diese werden wir in der sogenannten *Entwurfsansicht* bearbeiten:

- In der Spalte *Feldname* **A** vergeben Sie die Namen der Tabellen*spalten*. Diese befinden sich in der späteren Tabelle in der obersten Zeile. Die Feldnamen entnehmen Sie den Ellipsen im ER-Modell.
- In der Spalte *Felddatentyp* **B** legen Sie für jede Spalte den Datentyp fest: Zahl, Text, Datum usw.
- Die Spalte *Beschreibung* **C** kann auch leer bleiben.

Tabelle Regisseur – Making of …

1 Klicken Sie links oben auf *Ansicht* **D**, um in die Entwurfsansicht zu wechseln. Sie werden aufgefordert, die Tabelle abzuspeichern. Speichern Sie sie unter dem Namen *Regisseur*.

2 In der ersten Zeile schlägt *Access* bereits einen Eintrag vor: Wie Sie auf Seite 53 erfahren haben, benötigen wir in jeder Tabelle einen *Primärschlüssel* zur eindeutigen Identifikation eines Datensatzes. Der Datentyp *AutoWert* sorgt dafür, dass *Access* diese Zahl automatisch zuteilt und nicht doppelt vergibt. Benennen Sie den Primärschlüssel in *Regisseur-ID* **E** um.

3 Geben Sie in der zweiten Zeile *Vorname* ein und wählen Sie als Datentyp *Kurzer Text*.

4 Tragen Sie in der nächsten Zeile *Name* ein und wählen Sie als Datentyp ebenfalls *Kurzer Text*.

5 Geben Sie darunter *Geburtstag* ein. Wählen Sie beim Datentyp *Datum/Uhrzeit* und in den Eigenschaften das Format *Datum, kurz* **F**.

6 Ergänzen Sie schließlich in der nächsten Zeile die *Nationalität* vom Datentyp *Kurzer Text*.

7 Machen Sie einen Rechtsklick auf den Reiter *Regisseur* **G** und speichern Sie die Tabelle.

Tabellen

Eine Tabelle ist definiert durch

- ihren Namen **G**,
- ihre Attribute (Feldnamen) **A** und
- den Datentypen **B** der Attribute.

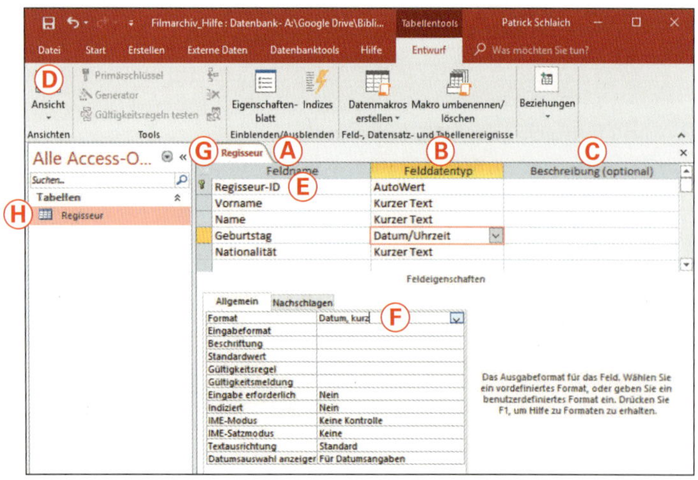

Tabelle Schauspieler – Making of …

Im ER-Modell sehen Sie, dass die Tabellen *Schauspieler* und *Regisseur* weitgehend identisch sind. Deshalb duplizieren wir die bereits vorhandene Tabelle und passen sie an.

1 Rechtsklicken Sie auf den Reiter *Regisseur* **G** und schließen Sie die Tabelle.

2 Rechtsklicken Sie nun links auf den Tabellennamen **H** und wählen Sie *Kopieren*.

3 Rechtsklicken Sie etwas darunter erneut und wählen Sie *Einfügen*. Vergeben Sie der neuen Tabelle den Namen *Schauspieler*.

4 Doppelklicken Sie auf die neue Tabelle, um diese zu öffnen. Wechseln Sie im Menü *Start* in die Entwurfsansicht.

5 Ändern Sie den Namen des Primärschlüssels von *Regisseur-ID* in *Schauspieler-ID* um – alle anderen Einträge bleiben unverändert.

6 Rechtsklicken Sie auf den Reiter *Schauspieler* und speichern Sie die Tabelle.

Tabelle Filme – Making of ...

1 Erzeugen Sie im Menü *Erstellen* **A** eine neue Tabelle.

2 Wechseln im Menü *Start* **B** erneut in die *Entwurfsansicht*. Geben Sie der Tabelle den Namen *Filme*.

3 Ändern Sie den Namen des Primärschlüssels in der ersten Zeile in *Film-ID* um.

4 Erstellen Sie die Felder *Titel, Jahr, Dauer (min)* **C**.

5 Tragen Sie in der nächsten Zeile *Genre* ein. Damit das Genre später nicht jedes Mal eingegeben werden muss, wählen Sie den Datentyp *Nachschlage-Assistent...* aus. Wählen Sie im sich öffnenden Fenster die Option *Ich möchte selbst Werte in die Liste eingeben*. Klicken Sie auf *Weiter* und geben Sie in der ersten Spalte die gewünschten Filmgenres ein, z. B. *Action, Animation, Horror, Romanze, Science Fiction*. Klicken Sie nochmals auf *Weiter*, belassen Sie es bei *Genre* als Listenname. Schließen Sie mit *Fertig stellen* ab.

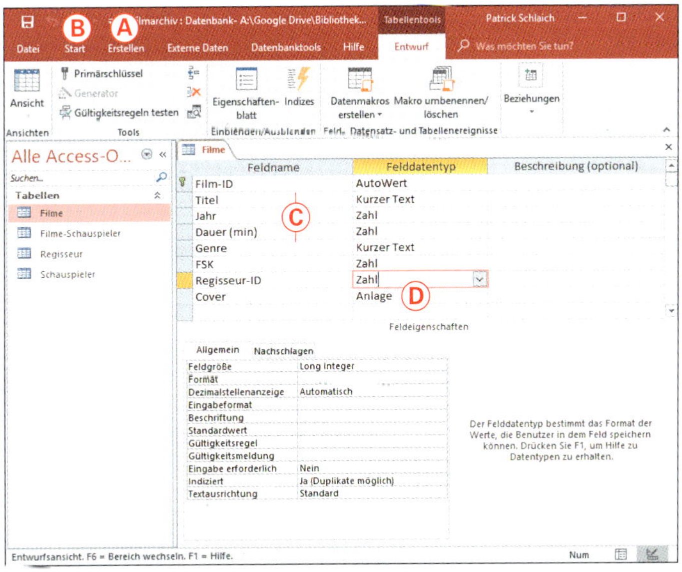

6 Wiederholen Sie Schritt 5 zur Eingabe der *FSK* (empfohlenes Mindestalter). Tragen Sie in der Nachschlageliste 0, 6, 12, 16 und 18 (Jahre) ein.

7 Mit Hilfe des *Nachschlage-Assistenten...* stellen wir nun eine Beziehung zur Tabelle *Regisseur* her. Tragen Sie in der nächsten Zeile *Regisseur-ID* und wählen Sie als Datentyp *Nachschlage-Assistent...*

8 Wählen Sie die Option *Das Nachschlagefeld soll die Werte aus einer Tabelle oder Abfrage abrufen.*

9 Im nächsten Fenster wählen Sie die gewünschte Tabelle, also in diesem Fall die Tabelle *Regisseur*.

Nachschlage-Asssistent

Mit Hilfe des Nachschlage-Assistenten können Sie auf Daten in anderen Tabellen zugreifen.

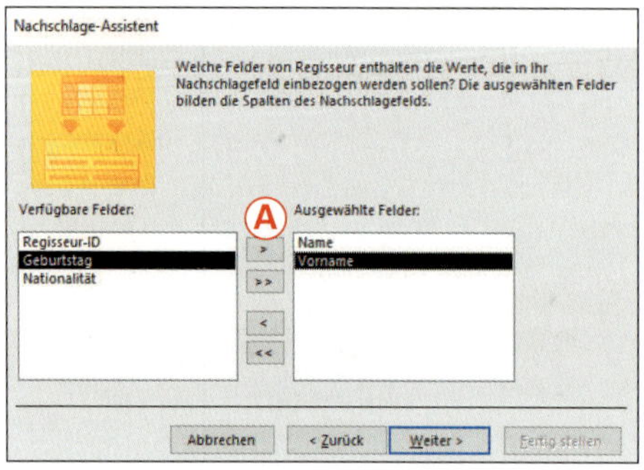

10 Nun legen Sie fest, aus welchen Spalten Sie auswählen möchten. Markieren Sie links *Name* und klicken Sie auf den kleinen Pfeil **A** in der Mitte, so dass *Name* nach rechts verschoben wird. Wiederholen Sie den Vorgang mit *Vorname*.

11 Klicken Sie zweimal auf *Weiter* und dann auf *Fertig stellen*.

12 Geben Sie in der nächsten Zeile *Cover* ein und wählen Sie in diesem Fall den Datentyp *Anlage* (**D** vorherige Seite), damit Sie hier später die JPG-Datei mit dem Filmcover auswählen können.

13 Machen Sie einen Rechtsklick auf den Reiter *Filme* und speichern Sie die Tabelle.

Hilfstabelle – Making of …

Beim Entwurf der Datenbank mit Hilfe des ER-Modells haben wir erkannt, dass es sich bei der Beziehung zwischen Filmen und Schauspielern um eine unzulässige *m:n-Beziehung* handelt: In einem Film spielen n Schauspieler mit, ein Schauspieler spielt in m Filmen mit. Um diese m:n-Beziehung in zwei *1:n-Beziehungen* aufzulösen, benötigen wir eine Hilfstabelle.

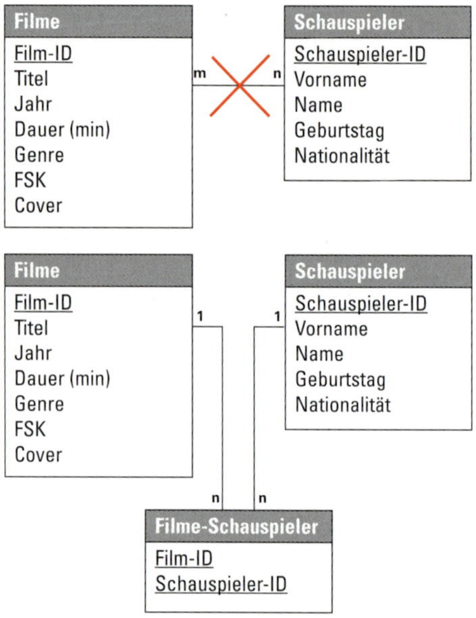

1 Klicken Sie im Menü *Erstellen* auf *Tabelle*, um eine neue Tabelle zu generieren.

2 Wechseln Sie im Menü *Start* in die *Entwurfsansicht* und speichern Sie die Tabelle unter dem Namen *Film-Schauspieler*.

3 Geben Sie in der ersten Zeile *Film-ID* ein und ordnen Sie den Datentyp *Zahl* zu. (Hinweis: *AutoWert* funktioniert hier nicht!)

4 Geben Sie in der zweiten Zeile *Schauspieler-ID* ein und ordnen Sie den Datentyp *Zahl* zu.

5 In dieser Tabelle benötigen wir einen zusammengesetzten Schlüssel. Klicken Sie auf die erste Zeile. Halten Sie die *Shift-Taste* gedrückt und klicken Sie danach auf die zweite Zeile. Halten Sie die Shift-Taste weiterhin gedrückt. Machen

Sie einen Rechtsklick und wählen Sie *Primärschlüssel*. Das Schlüssel-Symbol **A** müsste nun an beiden Zeilen zu sehen sein

6 Zur Verbindung der Hilfstabelle mit den beiden Tabellen *Filme* und *Schauspieler* kommt wieder der *Nachschlage-Assistent* zum Einsatz. Klicken Sie auf Pfeil **B** und wählen Sie *Nachschlage-Assistent...*

7 Wählen Sie die Option *Das Nachschlagefeld soll die Werte aus einer Tabelle oder Abfrage abrufen.*

8 Im nächsten Fenster wählen Sie die gewünschte Tabelle, also in diesem Fall die Tabelle *Filme*.

9 Markieren Sie links *Titel* und klicken Sie danach auf den kleinen Pfeil in der Mitte, so dass *Titel* nach rechts verschoben wird.

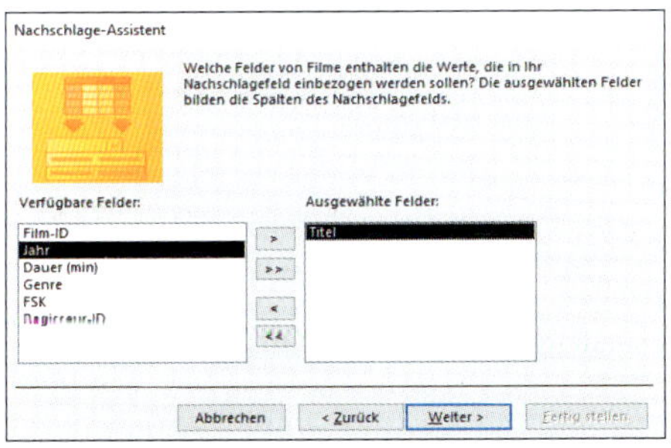

10 Klicken Sie zweimal auf *Weiter* und dann auf *Fertig stellen*.

11 Wiederholen Sie die Schritte 6 bis 10 zur Auswahl der Schauspieler. Wählen Sie in diesem Fall die Felder *Name* und *Vorname* aus.

12 Speichern und schließen Sie alle noch offenen Tabellen.

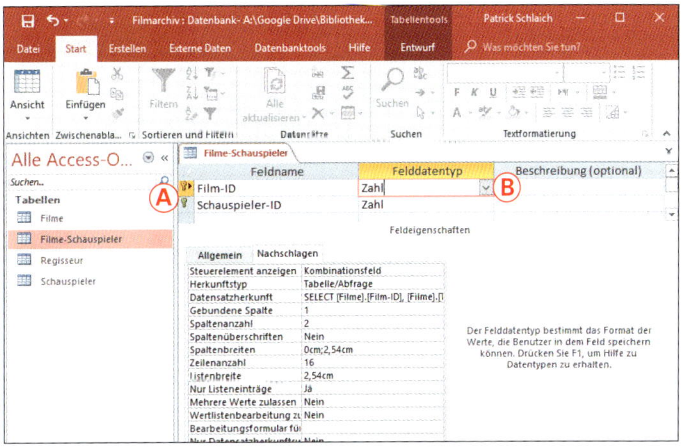

3.5.7 Beziehungen

Die Beziehungen zwischen den vier Tabellen haben wir in unserer Datenbank mit Hilfe des Nachschlage-Assistenten erstellt. Zur Anzeige und Bearbeitung von Beziehungen stellt *Access* ein weiteres Tool zur Verfügung.

Making of ...

1 Klicken Sie im Menü *Datenbanktools* auf *Beziehungen*.

2 Machen Sie einen Rechtsklick und wählen Sie *Tabellen anzeigen...* Fügen Sie nacheinander alle vier Tabellen im Beziehungsfenster ein.

3 Ordnen Sie die Tabellen etwa so an wie im Screenshot auf der nächsten Seite dargestellt.

4 Wie Sie sehen, sind die gewünschten Beziehungen zwischen allen vier Tabellen bereits vorhanden, da wir sie beim Tabellenentwurf mit Hilfe des Nachschlage-Assistenten erstellt haben.

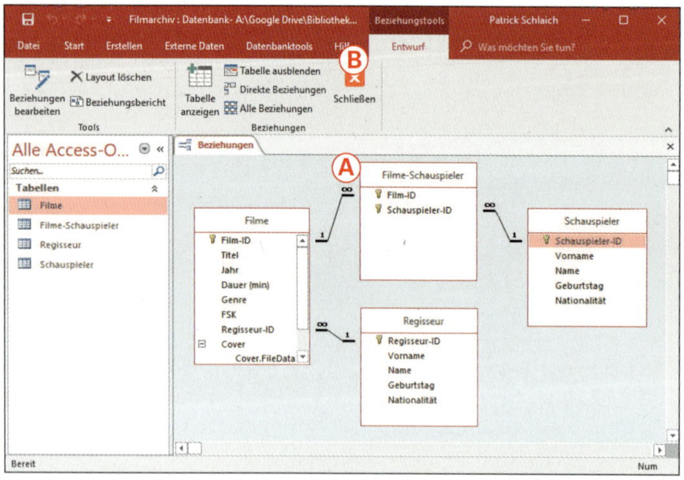

Beziehungen

Damit eine Datenbank konsistent und widerspruchsfrei bleibt, sollten die Beziehungen zwischen ihren Tabellen *referenzielle Integrität* besitzen.

5 Es empfiehlt sich, allen Beziehungen *referenzielle Integrität* zuzuweisen, weil hierdurch Fehler in der Datenbank vermieden werden (siehe Seite 61). Machen Sie hierzu einen Rechtsklick auf die Linie zwischen den Tabellen und setzen Sie im sich öffnenden Fenster das Häkcken bei *Mit referenzieller Integrität*. (Die Bezeichnung ∞ **A** steht in der Mathematik für unendlich. 1:∞ ist gleichbedeutend mit 1:n.)

6 Beziehungen lassen sich auch erstellen, indem die Feldnamen mit gedrückter Maustaste von einer Tabelle auf die andere gezogen werden. Sie können dies einmal testen, indem Sie die Beziehung zwischen *Filme* und *Regisseur* nach Rechtsklick löschen. Ziehen Sie danach das Schlüsselfeld *Regisseur-ID* aus der Tabelle *Regisseur* mit gedrückter Maustaste auf Regisseur-ID in der Tabelle *Filme*.

7 Schließen Sie den Beziehungs-Assistenten **B**.

3.5.8 Datenerfassung

Die Vorbereitung Ihrer Datenbank ist abgeschlossen und Sie können mit der Eingabe der Datensätze beginnen. Hierfür gibt es mehrere Möglichkeiten:

- Manuelle Dateneingabe direkt in die Tabelle
- Datenimport, z. B. aus einer Excel-Tabelle
- Dateneingabe mit Hilfe von Formularen

Manuelle Dateneingabe – Making of ...

1 Doppelklicken Sie auf die Tabelle *Schauspieler*.

2 Die Schauspieler-ID wird von *Access* automatisch vergeben. Beginnen Sie deshalb mit der Eingabe des Vornamens.

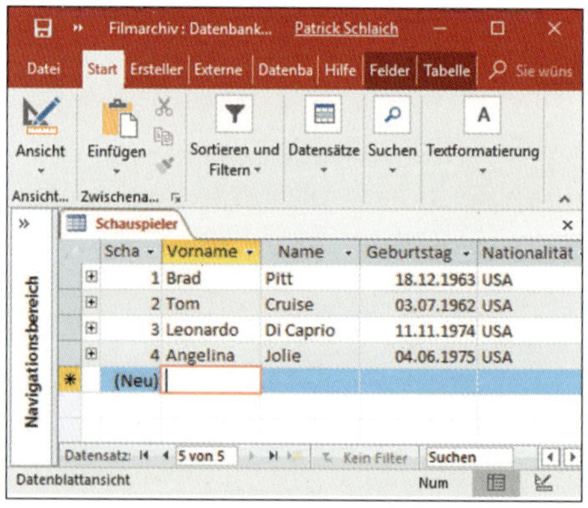

Hinweis: Die eingegebenen Datensätze werden von *Access* automatisch gespeichert.

Datenimport – Making of ...

Häufig kommt es vor, dass Daten bereits an anderer Stelle erfasst wurden. In diesem Fall ist es wünschenswert, diese in die Datenbank importieren zu können. Wir importieren in diesem Fall die Datensätze mit den Regisseuren aus einer Excel-Tabelle. Natürlich muss gewährleistet sein, dass die Struktur der Excel-Tabelle mit der Struktur der Access-Tabelle exakt übereinstimmt.

1 Klicken Sie im Menü *Externe Daten > Neue Datenquelle > Aus Datei > Excel*.

2 Klicken Sie auf *Durchsuchen...* **A** und wählen Sie die Excel-Datei, aus der die Daten importiert werden sollen.

3 Wählen Sie die mittlere Option **B**, um die Datensätze in eine bereits existierende Tabelle einzufügen.

4 Wählen Sie die Tabelle *Regisseur* **C** aus. Klicken Sie auf OK.

5 Klicken Sie zweimal auf *Weiter* und danach auf *Fertig stellen*. Danach erfolgt der Datenimport.

6 Doppelklicken Sie auf die Tabelle *Regisseur*, um das Importergebnis anzusehen.

Formular – Making of ...

Formulare spielen in unserem Alltag sowohl in gedruckter Form als auch im Web eine große Rolle. Ihr Vorteil ist, dass sie optisch ansprechend gestaltet sein können und eine strukturierte Datenerfassung dennoch gewährleistet ist. In diesem Tutorial erstellen wir ein Formular zur Erfassung neuer Filme. *Access* bietet hierfür eine ganze Reihe von Möglichkeiten. Wir empfehlen Ihnen die Verwendung des Formular-Assistenten.

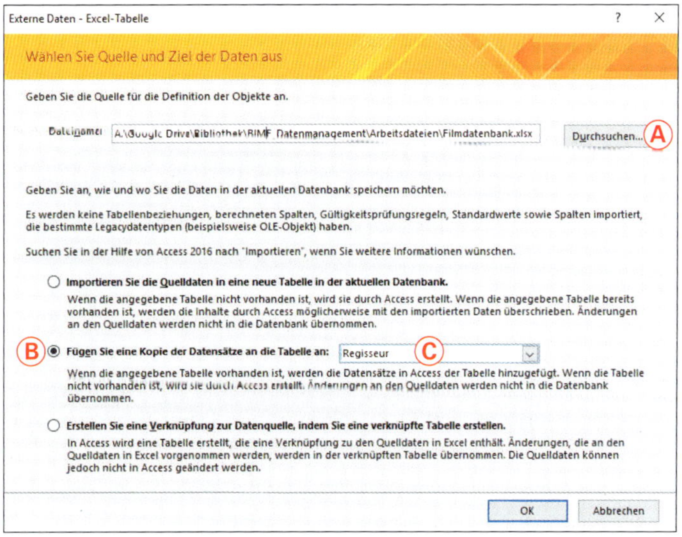

Datenimport

Datensätze können wahlweise in eine neue oder in eine bereits bestehende Tabelle importiert werden.

1 Wählen Sie im Menü *Erstellen > Formular-Assistent*.

2 Wählen Sie die Tabelle, die für das Formular verwendet werden soll, hier: *Filme* **D**.

3 Verschieben Sie nun alle Felder, die im Formular erscheinen sollen, mit Hilfe des Pfeils **E** von links nach rechts: *Titel, Jahr, Dauer (min), Genre, FSK, Regisseur-ID, Cover*. (Die Film-ID ist nicht erforderlich.)

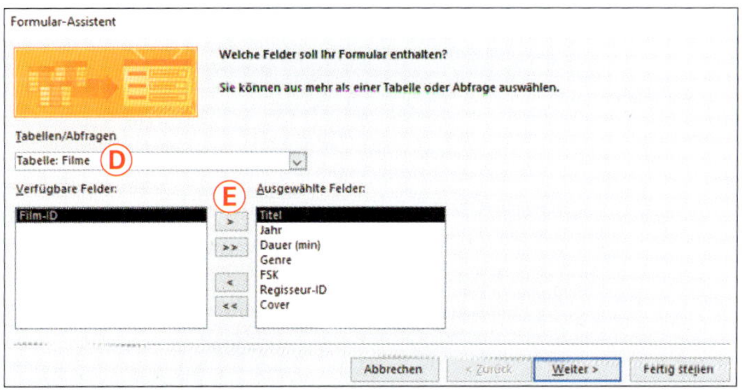

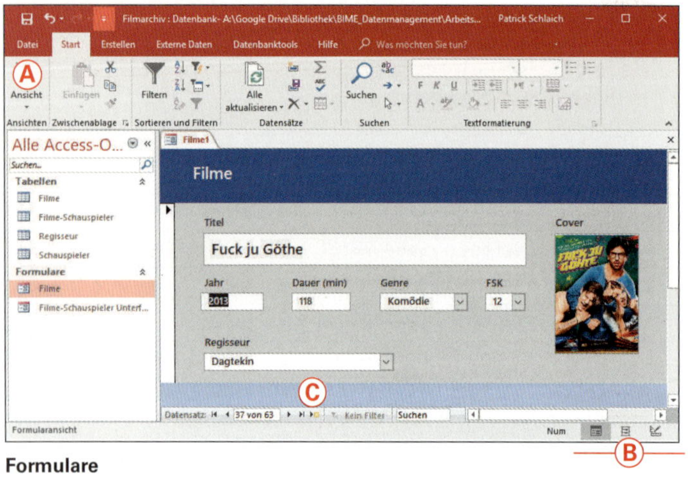

Formulare

Mit Hilfe von Formularen lassen sich Daten komfortabel erfassen. Im Entwurfs-Assistenten können Sie Formulare nach Ihren Wünschen gestalten.

4 Im nächsten Fenster wählen Sie das Layout des Formulars. Wir haben uns für *Blocksatz* entschieden. Klicken Sie im nächsten Fenster auf *Fertig stellen*.

5 Wechseln Sie in die *Entwurfsansicht* **A**. Sie können das Formular nun verändern, z. B. die Größe der Formularfelder, die Schrift, die Hintergrundfarben usw.

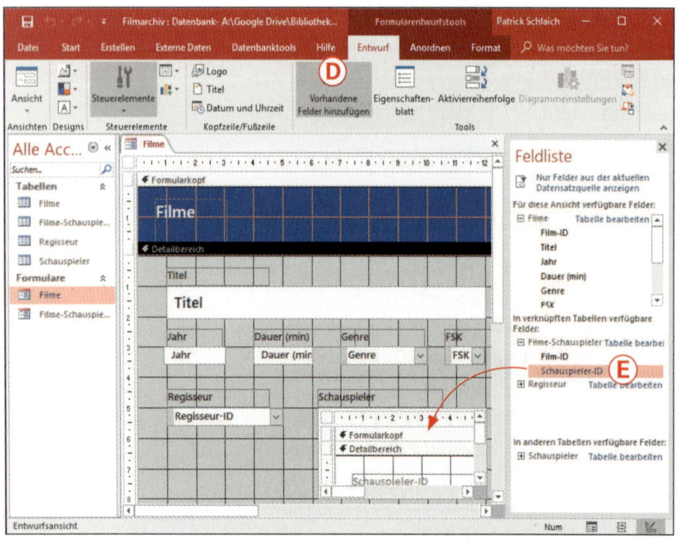

6 Ein schneller Wechsel zwischen *Formular- und Entwurfsansicht* ist auch rechts unten möglich **B**.

7 In der *Formularansicht* können Sie nun Ihre Datensätze eingeben. Die Nachschlagelisten *(Genre, FSK, Regisseur)* erleichtern Ihnen die Dateneingabe.

8 Klicken Sie auf das Büroklammer-Symbol im Cover-Feld, um das Cover auszuwählen.

9 Um einen neuen (leeren) Datensatz zu bekommen, klicken Sie auf das Symbol **C** unter der Fußzeile.

Unterformular – Making of …

Im Formular *Filme* fehlt noch die Möglichkeit, die Schauspieler eines Films einzugeben. Um dies nachzuholen, erweitern wir das bestehende Formular *Filme* um ein Unterformular, das die Auswahl der Schauspieler ermöglicht.

1 Öffnen Sie – falls Sie es geschlossen haben – Ihr eben erstelltes Formular *Filme* und wechseln Sie in die *Entwurfsansicht*.

2 Wählen Sie im Menü *Entwurf > Vorhandene Felder hinzufügen* **D**.

3 Klicken Sie rechts auf *Alle Tabellen anzeigen*.

4 Ziehen Sie das Feld *Schauspieler-ID* **E** aus der Tabelle *Film-Schauspieler* mit gedrückter Maustaste in die *Entwurfsansicht* des Formulars.

5 Kehren Sie zur *Formularansicht* zurück – die Eingabe von Schauspielern sollte jetzt möglich sein.

3.5.9 Abfragen

Ein großer Vorteil und Unterschied zwischen Datenbank und Tabellenkalkulation besteht darin, dass auf die Daten in einer Datenbank mit Hilfe der Abfragesprache SQL (siehe Seite 62) auf vielfältige Weise zugegriffen werden kann.

Bei *Access* ist die Kenntnis der SQL-Befehle nicht erforderlich, weil Abfragen in komfortabler Weise mit Hilfe eines Abfrage-Assistenten erstellt werden können.

Das Wichtigste bei der Erstellung von Abfragen ist, dass Sie im Vorfeld die Frage formulieren, die Sie durch die Abfrage beantworten möchten. Wir führen dies an mehreren Beispielen durch.

Abfrage 1: In welchen Filmen führt David Cameron Regie?

Making of ...

1 Wählen Sie im Menü *Erstellen > Abfrageentwurf*.

2 Fügen Sie die benötigten Tabellen hinzu, in diesem Fall sind dies die Tabellen *Filme* und *Regisseur*.

3 Wählen Sie durch Doppelklick die Felder aus, die durch die Abfrage angezeigt werden sollen. (Alternativ können Sie das Feld auch mit gedrückter Maustaste nach unten ziehen.) Doppelklicken Sie in der Tabelle *Regisseur* auf *Vorname* und *Name* und in der Tabelle *Filme* auf *Titel* und *Jahr*.

4 Tragen Sie in der Zeile *Sortierung* ein, welche Spalte zur Sortierung verwendet wird. Geben Sie an, ob auf- oder absteigend sortiert werden soll **A**.

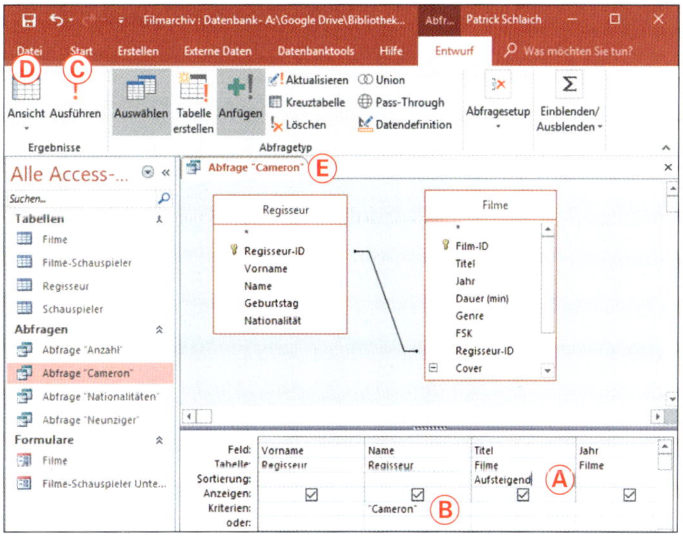

5 Geben Sie *Cameron* in der Spalte *Name* und Zeile *Kriterien* **B** ein.

6 Klicken Sie auf *Ausführen* **C**, um das Ergebnis zu sehen:

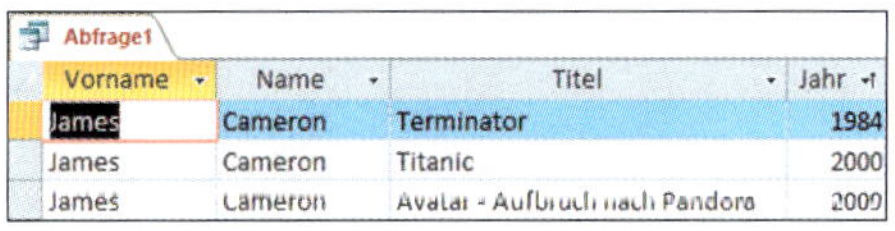

Abfrage1

Vorname	Name	Titel	Jahr
James	Cameron	Terminator	1984
James	Cameron	Titanic	2000
James	Cameron	Avatar - Aufbruch nach Pandora	2009

7 Klicken Sie auf *Ansicht* **D**, um zum Abfrageentwurf zurückzukehren.

8 Rechtsklicken Sie auf die Registerkarte **E**, um die Abfrage zu speichern und zu schließen.

Abfage 2: Welche Filme stammen aus den Neunzigerjahren?

Making of ...

1 Wählen Sie im Menü *Erstellen > Abfrageentwurf*.

2 Fügen Sie die Tabelle *Filme* hinzu.

Abfragen

Abfragen sind ein mächtiges Instrument für den Zugriff auf Daten. Access stellt hierfür einen komfortablen Editor zur Verfügung. Im Hintergrund erfolgen Abfragen durch SQL.

3 Doppelklicken Sie auf die Felder *Titel* und *Jahr*.

4 Sortieren Sie aufsteigend nach *Titel*.

5 Um die gewünschte Zeitspanne (1990 – 1999) vorzugeben, tragen Sie in der Spalte *Jahr* unter *Kriterien >1989 und <2000* ein.

6 Testen Sie die Abfrage.

7 Speichern und schließen Sie die Abfrage.

Abfrage 3: Wie viele Filme sind in meiner Datenbank?

Making of …

1 Wählen Sie im Menü *Erstellen > Abfrageentwurf*.

2 Fügen Sie die Tabelle *Filme* hinzu und doppelklicken Sie auf *Film-ID*.

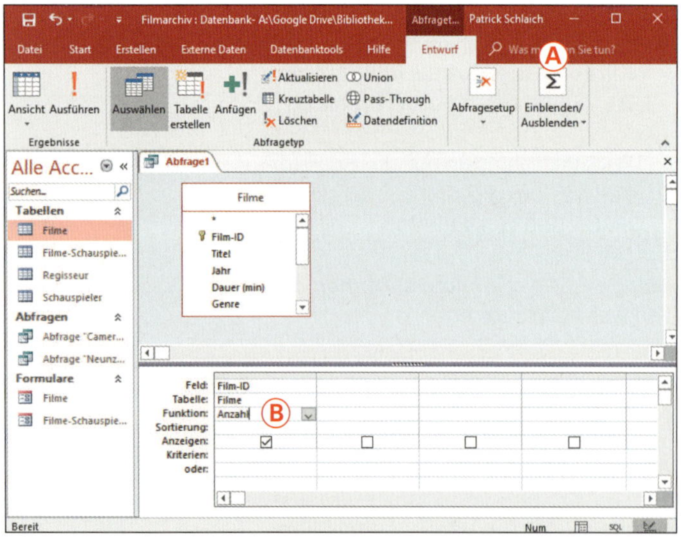

3 Klicken Sie im Menü *Entwurf* auf *Summen* **A** – im Abfragefenster wird hierdurch die Zeile *Funktion* ergänzt.

4 Wählen Sie die Option *Anzahl* **B**.

5 Testen Sie die Abfrage.

6 Speichern und schließen Sie die Abfrage.

Abfage 4: Wie viele Schauspieler kommen aus Deutschland, wie viele aus den USA?

Making of …

1 Wählen Sie im Menü *Erstellen > Abfrageentwurf*.

2 Fügen Sie die Tabelle *Schauspieler* hinzu und doppelklicken Sie auf *Nationalität und Schauspieler-ID*.

3 Klicken Sie im Menü *Entwurf* auf *Summen*.

4 Wählen Sie in der Spalte *Schauspieler-ID* die Funktion *Anzahl* und bei Sortierung *absteigend*.

5 Testen Sie die Abfrage.

6 Speichern und schließen Sie die Abfrage.

3.5.10 Berichte

Berichte dienen dazu, Daten(sätze) in ansprechender Weise darzustellen, z. B. für die PDF- oder Druckausgabe. Sie können Berichte sowohl aus Tabellen als auch aus Abfragen erstellen. Zur Anfertigung eines Berichts stellt *Access* wieder einen hilfreichen Assistenten zur Verfügung.

Making of ...

1 Wählen Sie im Menü *Erstellen > Berichts-Assistent.*

2 Wie Ihnen bereits vom Nachschlage-Assistenten bekannt ist, wählen Sie nun die gewünschte Tabelle oder Abfrage aus.

3 Im nächsten Schritt wählen Sie alle Felder, die im Bericht angezeigt werden sollen.

4 Sie können Schritt 2 mit einer weiteren Tabelle oder mit einer Abfrage wiederholen.

5 Im Falle, dass Sie einen Bericht erstellen, der mehrere Tabellen oder Abfragen einschließt, können Sie nun festlegen, ob und wie Daten gruppiert werden sollen. Es wäre z. B. möglich, die Filme nach Regisseuren zu gruppieren.

6 Wählen Sie in den nächsten Fenstern aus, wonach sortiert und wie die Datensätze angeordnet werden sollen.

7 Klicken Sie auf *Fertig stellen*, um den Bericht zu erstellen.

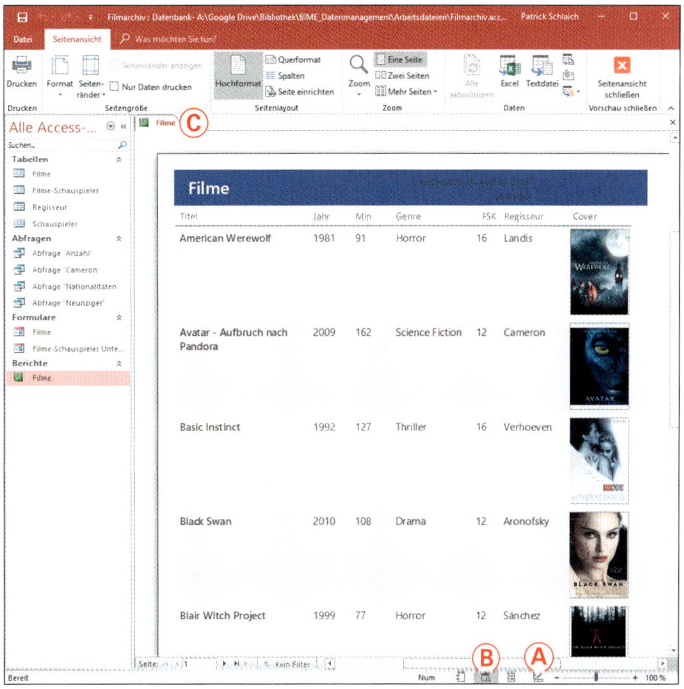

Berichte

Berichte ermöglichen die formatierte Ausgabe von Tabellen oder Abfragen.

8 Wie beim Formularentwurf können Sie auch bei einem Bericht in die *Entwurfsansicht* **A** wechseln und den Bericht nach Belieben gestalten. Die Wirkung der Änderungen können Sie in der *Seitenansicht* **B** überprüfen.

9 Speichern und schließen Sie Ihren Bericht nach Rechtsklick auf die Registerkarte **C** ab.

10 Im Menü *Externe Daten > PDF oder XPS* können Sie den Bericht in eine PDF-Datei exportieren.

3.6 Aufgaben

1 Datenbank-Fachbegriffe kennen

Gegeben ist folgende Auftragstabelle eines Schreibwarenhandels:

ANr	Datum	Kunde	Produkt	Menge
1	11.11.17	Schulz	Klebstoff	3
2	12.01.18	Schmitt	Schere	2
3	09.02.18	Wagner	Hefter	1
4	10.03.18	Maier	Locher	1
5	09.05.18	Huber	Ordner	5

a. Tragen Sie die Buchstaben in der Tabelle ein.
   - **A** Datensatz
   - **B** Datenfeld
   - **C** Attribut
   - **D** Schlüssel
   - **E** Feldname

b. Nennen Sie die Datentypen, die in derTabelle vorkommen.

2 Datenbank normalisieren

Gegeben ist die Datenbank (DB) eines kleinen Medienbetriebes:

Name	Abteilung	Telefon	E-Mail
Bernd Müller	Geschäftsleitung	1701-0	info@media.de
Schwarz, Stefan	Vertrieb	1701-10	vertrieb@media.de
Petra Maier	Vertrieb	1701-10	vertrieb@media.de
Bernd Stöckle	Produktion	1701-11	produktion@media.de
Maier, Bert	Produktion	1701-11	produktion@media.de
Beate Klinger	Kunden	1701-12	kunden@media.de

a. Notieren Sie die Mängel.

b. Bringen Sie die Datenbank in die 1. Normalform. (Verwenden Sie ein separates Blatt.)

c. Bringen Sie die Datenbank in die 3. Normalform.

3 Datenbanken entwerfen

Erklären Sie die Bedeutung der beiden Hauptforderungen an den Datenbankentwurf:

a. Datenkonsistenz

b. Redundanzfreiheit

4 ER-Modell kennen

a. Erklären Sie die Funktion des ER-Modells.

b. Finden Sie je ein Alltagsbeispiel für eine

1:1-Beziehung:

1:n-Beziehung:

m:n-Beziehung:

c. Begründen Sie, weshalb m:n-Beziehungen problematisch sind. Nennen Sie die notwendige Maßnahme.

5 Datenbank normalisieren

Rechts oben finden Sie die Datenbank eines Sportgeschäfts.

a. Notieren Sie deren Mängel.

Datum	Kunde	Strasse	Nr	Plz	Ort	Produkte
01.01.18	Schulz	Hauptstraße	13	77960	Seelbach	Ski, Stöcke
11.01.18	Müller	Mühlgasse	1	77933	Lahr	Schlittschuhe
12.02.18	Dreher	Gartenstraße	15	76133	Karlsruhe	Laufschuhe, Trikot
13.02.18	Eberle	Mozartstraße	11	79540	Lörrach	Tennisschläger
14.05.18	Eberle	Vogelsang	12	79104	Freiburg	Tennisschläger
21.05.18	Müller	Mühlgasse	1	77933	Lahr	Ski
26.05.18	Dreher	Gartenstraße	15	76133	Karlsruhe	Golfschläger, Trikot

Aufgabe 5

b. Bringen Sie die Datenbank in die 2. Normalform. (Notieren Sie Ihre Lösung auf einem separaten Blatt.)

6 ER-Modell anwenden

Eine Firma besitzt mehrere Firmenfahrzeuge. Eine Datenbank soll dabei helfen, die aktuell im Einsatz befindlichen und verfügbaren Fahrzeuge zu verwalten. Folgende Informationen sollen in der Datenbank enthalten sein:

- Fahrzeuge: Fabrikat, Modell, Kennzeichen
- Mitarbeiter: Vorname, Name, Abteilung
- Einsatz: Datum, Uhrzeit, Fahrzeug, Mitarbeiter

Entwerfen Sie (auf einem separaten Blatt) das ER-Modell der Datenbank.

7 SQL-Befehle anwenden

Gegeben ist eine Kundendatenbank.

kunden

KNr	Name	Vorname	Strasse	Nr	Plz	Ort	Telefon
1	Schlund	Patrick	Hauptstraße	13	77960	Seelbach	07823 1312
2	Müller	Bernd	Mühlgasse	1	77933	Lahr	07821 96484
3	Dreher	Franz	Gartenstraße	15	76133	Karlsruhe	0721 124576
4	Eberle	Markus	Mozartstraße	11	79540	Lörrach	07621 77889
5	Eberle	Maria	Vogelsang	12	79104	Freiburg	0761 456456

Formulieren Sie SQL-Abfragen:

a. Alle Datensätze anzeigen

b. Alle Datensätze anzeigen, sortiert nach Ort

c. Alle Datensätze mit Namen „Eberle" anzeigen

d. Einen neuen Datensatz einfügen: Schmitt, Isabel, Mattweg 12, 77933 Lahr, 07821 335566

e. Datensatz mit der KNr 4 ändern: 07621 98877

f. Datensatz mit der KNr 2 löschen

8 Referenzielle Integrität kennen

Erklären Sie den Begriff „Referenzielle Integrität" an einem Beispiel.

9 Datenbank entwerfen

Eine Schule besitzt mehrere Tablets, die von den Lehrer/innen für den Unterrichtseinsatz ausgeliehen werden können. Die Ausleihe soll mit Hilfe einer Datenbank verwaltet werden. Folgender Datenbankentwurf liegt vor:

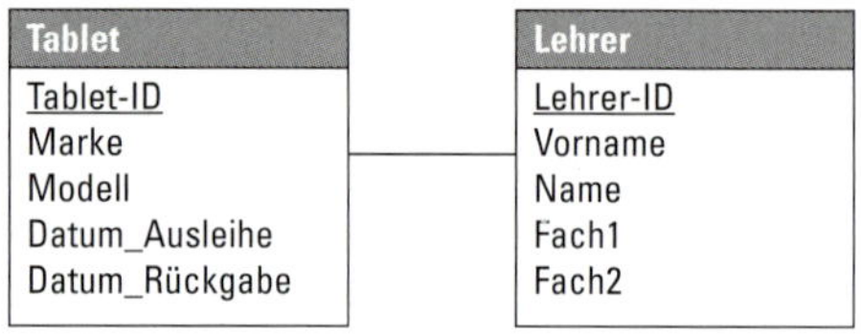

a. Erklären Sie, weshalb obiger Entwurf noch nicht in eine Datenbank umgesetzt werden kann.

b. Zeichnen Sie eine mögliche Lösung auf.

10 Access-Abfragen verstehen

Gegeben ist die Datenbank eines Tierschutzvereins:

Tiere

Tier-ID	Art	Name	Alter
1	Hund	Bello	1
2	Katze	Mautzi	1
3	Katze	Baron	7
4	Hund	Hasso	5
5	Hamster	Kiki	1
6	Meerschweinchen	Lucky	2
7	Meerschweinchen	Wolli	1
8	Maus	Jerry	1
9	Maus	Findus	3
10	Katze	Tom	5
11	Hund	Waldi	3
12	Hund	Charly	4
13	Maus	Flinki	2
14	Meerschweinchen	Red	4
15	Meerschweinchen	Schnuff	2

Notieren Sie die Ergebnisse der Abfragen in korrekter Reihenfolge.

a.

Feld:	Art	Name	Alter
Tabelle:	Tiere	Tiere	Tiere
Sortierung:		Aufsteigend	
Anzeigen:	☑	☑	☑
Kriterien:	"Hund"		>3
oder:			

b.

Feld:	Art	Tier-ID	
Tabelle:	Tiere	Tiere	
Funktion:	Gruppierung	Anzahl	
Sortierung:		Absteigend	
Anzeigen:	☑	☑	☐
Kriterien:			
oder:			

c.

Feld:	Art	Alter	
Tabelle:	Tiere	Tiere	
Funktion:	Gruppierung	Max	
Sortierung:			
Anzeigen:	☑	☑	☐
Kriterien:	"Maus" Oder "Meerscl		
oder:			

4.1 Begriffsklärung

Datenschutz und Datensicherheit sind zwar ähnliche Begriffe, die aber unterschieden werden müssen.

4.1.1 Datenschutz

Datenschutz verfolgt das Ziel, Menschen vor Missbrauch ihrer persönlichen Daten zu schützen. Zu den personenbezogenen Daten zählen insbesondere

- Name,
- Geburtstag,
- Anschrift,
- Familienstand,
- Bankverbindung,
- Personalausweisnummer.

Noch sensibler – und damit besonders schützenswert – sind Daten über die

- ethnische Herkunft,
- Religion,
- politische Überzeugung,
- eigene Gesundheit oder
- das Sexualleben.

Das Recht auf Datenschutz findet sich in unserer Verfassung, dem Grundgesetz, nicht ausdrücklich. Dies liegt daran, dass das Grundgesetz seit 1949 in Kraft ist und Datenschutz zur damaligen Zeit noch kein Thema war.

Erst im sogenannten Volkszählungsurteil von 1983 wurde durch das Bundesverfassungsgericht entschieden, dass das *Recht auf informationelle Selbstbestimmung* ein Persönlichkeitsrecht und damit ein Grundrecht ist. Informationelle Selbstbestimmung bedeutet, dass jeder Mensch darüber bestimmen können muss, welche Daten er von sich preisgibt und wie diese verwendet werden dürfen.

Diese Selbstbestimmung ist durch die heutige digitale Datenverarbeitung und insbesondere durch das Internet gefährdet, da Unbefugte auf personenbezogene Daten zugreifen können.

Das Datenschutzrecht regelt aber auch Fragen des *legalen* Zugriffs auf Daten, z. B., welche Daten zu welchem Zweck und wie lange erhoben werden dürfen. Auf wichtige Gesetze gehen wir im nächsten Kapitel ein.

4.1.2 Datensicherheit

Der Begriff Datensicherheit ist weiter gefasst als Datenschutz , da es hier nicht nur um den Schutz personenbezogener Daten, sondern um den *Schutz von Daten aller Art* geht. Datensicherheit sorgt durch technische und organisatorische Maßnahmen (kurz: TOM) dafür, dass Daten nicht verloren gehen, nicht manipuliert und nicht gestohlen werden.

Ein große Gefahr für Datenverlust oder -manipulation sind Angriffe von außen, die heute meistens über das Internet erfolgen. Und da wir alle über Smartphone und PC praktisch dauerhaft mit dem Internet verbunden sind, sollten auch alle darüber Bescheid wissen, wie die eigenen Daten so gut wie möglich vor unerlaubtem Zugriff oder vor Verlust geschützt werden können. Ab Seite 85 gehen wir auf einige wichtige Maßnahmen wie sichere Passwörter oder Verschlüsselung ein.

Datenverlust muss jedoch nicht unbedingt eine menschliche Ursache haben. Auch ein defekter Datenträger (z. B. Speicherkarte oder Festplatte) oder höhere Gewalt (z. B. Hochwasser oder Brand) können zu Datenverlust führen. Zur Datensicherheit gehören deshalb auch Maßnahmen zur Datensicherung wie beispielsweise Backups (siehe Seite 93). Hierdurch wird gewährleistet, dass im Fall des Datenverlusts immer noch eine komplette Kopie der Daten zur Verfügung steht.

P. Bühler et al., *Datenmanagement*, Bibliothek der Mediengestaltung, https://doi.org/10.1007/978-3-662-55507-1_4

4.2 Datenschutz

Wie in anderen Rechtsbereichen auch gibt es auch beim Datenschutzrecht eine dreifache Hierarchie:

- Die europäische *Datenschutz-Grundverordnung (EU-DSGVO)* gilt für alle Mitgliedstaaten der europäischen Union.
- Das *Bundesdatenschutzgesetz (BDSG)* verfolgt das Ziel, die europäischen Rechtsvorgaben in nationales Recht umzusetzen.
- Die *Landesdatenschutzgesetze (LDSG)* der sechzehn Bundesländer regeln insbesondere den Datenschutz in landeseigenen Behörden und in der Verwaltung.

4.2.1 Datenschutz-Grundverordnung

Seit 25. Mai 2018 ist der Datenschutz für alle Mitgliedstaaten der Europäischen Union einheitlich und verbindlich geregelt. Das Ziel der Grundverordnung ist in Artikel 1 definiert:

EU-DSGVO

Artikel 1

(1) Diese Verordnung enthält Vorschriften zum Schutz natürlicher Personen bei der Verarbeitung personenbezogener Daten und zum freien Verkehr solcher Daten.

(2) Diese Verordnung schützt die Grundrechte und Grundfreiheiten natürlicher Personen und insbesondere deren Recht auf Schutz personenbezogener Daten.

Im Fokus der Verordnung steht also der Datenschutz für natürliche Personen[1], also für jeden einzelnen Menschen.

Da jeder von uns – meistens freiwillig! – immer mehr Daten im Internet hinterlässt, hat die Gefahr des Datenmissbrauchs deutlich zugenommen. Darauf hat der Gesetzgeber mit einer europaweit gültigen Verordnung reagiert und das bisher gültige Recht (Bundesdatenschutzgesetz) zugunsten der Verbraucher verschärft. Wesentliche Änderungen bzw. Erweiterungen sind:

- *Einwilligungserklärung:* Betroffene müssen der Nutzung personenbezogener Daten z. B. durch Setzen eines Häkchens auf Webseiten zustimmen. Sie können diese Einwilligung jederzeit widerrufen.
- *Recht auf Auskunft:* Unternehmen oder Behörden müssen Betroffenen zukünftig Auskunft darüber erteilen, welche personenbezogenen Daten gespeichert sind.
- *Recht auf Löschung:* Betroffene können verlangen, dass alle über sie gespeicherten Daten dauerhaft gelöscht werden, z. B. ein komplettes Social-Media-Profil. Unabhängig davon müssen Unternehmen oder Behörden Daten nach bestimmten Fristen löschen, ohne dass der Betroffene dies ausdrücklich verlangt.
- *Datenschutzbeauftragter:* Eine Herausforderung für kleinere Unternehmen oder für Vereine ist es, dass ein Datenschutzbeauftragter benannt werden muss, wenn mindestens zehn Personen mit der Verarbeitung personenbezogener Daten beschäftigt sind.
- *Anwendungsbereich:* Die DSGVO gilt nicht nur innerhalb der EU, sondern schützt Betroffene vor Datenmissbrauch aus Drittländern. Facebook, Google & Co. kommen somit am europäischen Datenschutz nicht vorbei.
- *Massive Geldbußen:* Bei Verstößen gegen die DSGVO drohen Strafen von bis zu 4 % des Umsatzes oder 20 Millionen Euro.

Quelle und weitere Informationen siehe u. a. www.datenschutz.org.

EU-Datenschutz-Grundverordnung

Bundesdatenschutzgesetz

16 Landesdatenschutzgesetze
Flagge: Baden-Württemberg

1 Im Unterschied zu „natürlichen" Personen spricht man beispielsweise bei eingetragenen Vereinen (e.V.) von „juristischen" Personen.

4.2.2 Datenschutzerklärung

Für Sie als Medienschaffende/r von Bedeutung ist, dass jede/r, der eine Website betreibt, zu einer *Datenschutzerklärung* verpflichtet ist. Diese Verpflichtung gilt zwar schon länger, hat aber seit Inkrafttreten der *Europäischen Datenschutz-Grundverordnung* im Mai 2018 an Bedeutung gewonnen.

Nun fragen Sie sich vielleicht, weshalb eine Datenschutzerklärung erforderlich ist, wenn auf einer Website vermeintlich gar keine personenbezogenen Daten erhoben werden. Der Grund hierfür ist, dass durch den Aufruf einer Website auf dem Webserver *immer* Benutzerdaten gespeichert werden, z. B. die weltweit einmalige IP-Adresse. Aus diesen Daten lassen sich Rückschlüsse auf den Benutzer ziehen und somit verursacht bereits der Aufruf einer Website personenbezogene Daten.

Ohne Anspruch auf Vollständigkeit finden Sie hier eine Reihe von Forderungen an eine rechtskräftig gültige Datenschutzerklärung:

- *Sichtbarkeit:* Auf die Datenschutzerklärung muss von jeder Unterseite aus zugegriffen werden können **A**. Der Link muss gut sichtbar sein und darf beispielsweise nicht im Impressum versteckt werden.
- *Server-Logfiles:* Wie bereits erwähnt speichern Webserver Informationen in sogenannten Logfiles ab. Der Nutzer muss darüber informiert werden, um welche Daten es sich dabei handelt, z.B. IP-Adresse, Datum/Uhrzeit des Zugriffs, verwendeter Browser.
- *Cookies:* Bei Cookies handelt es sich um kleine Textdateien, die im Browser gespeichert werden. Sie speichern ebenfalls Benutzerdaten, z. B. ausgewählte Artikel in einem Warenkorb, und erleichtern somit die Kommunikation zwischen Webserver und -browser. Auf die Verwendung von Cookies muss in der Datenschutzerklärung einerseits hingewiesen werden, andererseits muss der Nutzer aktiv bestätigen, dass er der Verwendung von Cookies zustimmt **B**.
- *Social-Media-Plug-ins*: Auf vielen Webseiten befinden sich Buttons zu Facebook, Twitter, Google+ usw. Diese amerikanischen Dienste sind als Datensammler berühmt und berüchtigt. In der Datenschutzerklärung muss deshalb genau ausgeführt werden, was beim Anklicken derartiger (Like-) Buttons geschieht.
- *Google Analytics* ist ein aus Sicht der Webseitenbetreiber beliebter Dienst zur Erstellung von Nutzerstatistiken. Konsequenterweise muss in der Datenschutzerklärung auch hierauf hingewiesen werden.
- *Auskunftsrecht, Recht auf Löschung:* Schließlich muss in der Datenschutzerklärung darauf hingewiesen werden, dass jeder Nutzer das Recht hat, über seine personenbezogenen Daten informiert zu werden und diese ggf. löschen zu lassen.

Im Internet finden Sie Muster-Datenschutzerklärungen, z. B. unter www.datenschutz.org, die jedoch an die eigene Website angepasst werden müssen.

Datenschutzerklärung

Die Datenschutzerklärung **A** muss von jeder Unterseite des Webauftritts erreichbar sein.

Der Verwendung von Cookies **B** muss zugestimmt werden.

4.3 Malware

Während es noch vor einigen Jahren Datenträger waren, die zur Verbreitung von Schadprogrammen geführt haben, ist es mittlerweile fast ausschließlich das Internet, über das sich Viren, Würmer und Trojaner in oft rasender Geschwindigkeit verbreiten. Die Hauptgefahr geht hierbei von E-Mail-Attachments und von Sicherheitslücken der Webbrowser aus.

Der Begriff „Viren" wird oft fälschlicherweise als Oberbegriff für Schädlinge aller Art bezeichnet. Besser sollte hierbei von „Malware" (Zusammensetzung aus „Malicious Software", also bösartige Software) gesprochen werden. Ihre wichtigsten Vertreter sind:

4.3.1 Viren

Viren sind kleine Programme, die sich, wie ihre organischen Verwandten, zur Verbreitung an ein Wirtsprogramm anhängen müssen. Das Virus wird aktiv, wenn das Wirtsprogramm (durch Doppelklick) gestartet wird.

Eine besondere Form stellen Makroviren dar, die sich vor allem im Office-Bereich verbreiten, da Word & Co. über eine Makrosprache (Visual Basic) verfügen. Beim Öffnen eines Word- oder Excel-Dokuments wird das Makroprogramm gestartet und der schädliche Programmcode unbemerkt ausgeführt.

4.3.2 Wurm

Im Unterschied zum Virus benötigt ein Wurm zur Verbreitung kein Wirtsprogramm, sondern stellt ein eigenes ausführbares Programm dar. Wichtigste Verbreitungsmöglichkeit für Würmer bieten E-Mails, weil sie Dateien als Anhang enthalten können. Wird der als Dateianhang empfangene Wurm durch Doppelklick gestartet, so kann er sich beispielsweise an alle im Adressbuch gespeicherten E-Mail-Adressen versenden. Dies erklärt, weshalb sich Würmer nach dem „Schneeball-Prinzip" in rasanter Weise verbreiten: Geht man pro E-Mail-Adressbuch von zwanzig Adressen aus, dann werden im ersten Schritt 20, dann 400, 8.000, 160.000, 3,2 Millionen neue Computer infiziert. Leider sind mittlerweile Würmer aufgetaucht, die kein Attachment mehr benötigen. Bei diesen „bösartigen" Varianten kann eine aktive Internetverbindung oder das Betrachten einer Webseite ausreichend sein, um den Wurm zu aktivieren. Der bekannt gewordene Wurm „Sasser" richtete auf diese Weise großen Schaden an.

4.3.3 Trojaner

Der Name dieser gefährlichen Schädlinge müsste genau genommen „trojanisches Pferd" heißen und stammt aus der griechischen Sage, bei der Troja durch die Griechen dadurch erobert wurde, dass Soldaten in einem großen Holzpferd versteckt die Stadtmauern passieren konnten, um dann nachts anzugreifen.

Im übertragenen Sinn ist ein Trojaner ein Programm, das nach außen sichtbar eine nützliche Funktion besitzt, z. B.

Cyberattacken

Auf threatmap.checkpoint.com können Sie aktuell stattfindende Cyberattacken live mitverfolgen.

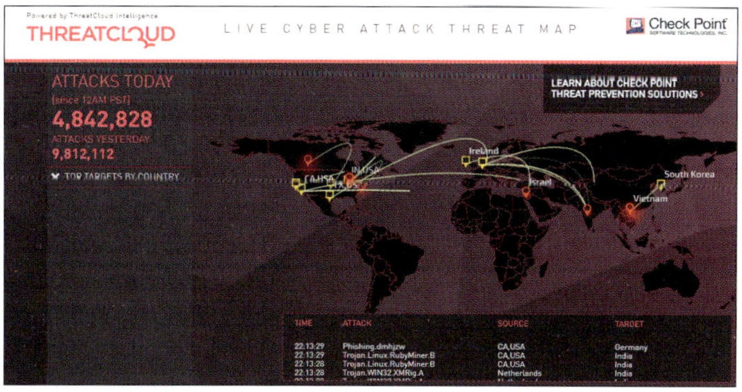

ein kostenloses Update, während im Hintergrund jedoch seine schädlichen Funktionen gestartet werden. Gefährlich sind vor allem sogenannte *Backdoor-Programme*, die einen externen Zugriff auf den Rechner gestatten. Mit Hilfe von Rootkits versucht die Software, sich vor Antiviren-Software zu verstecken. Tückisch sind auch *Key-Logger*, die als PC-Wanzen sämtliche Tastatureingaben protokollieren und somit zur Entschlüsselung von Benutzernamen und Passwörtern dienen.

4.3.4 Spy- und Adware

Spyware besitzt eine ähnliche Funktion wie Trojaner, nämlich den befallenen Rechner bzw. das Nutzerverhalten auszuspionieren. Die Zielsetzung ist hierbei nicht, Schaden anzurichten, sondern möglichst viele Informationen über das Nutzerverhalten zu sammeln. Diese Informationen können dann beispielsweise dazu genutzt werden, um personifizierte Werbung einzublenden oder Werbemails zu verschicken.

Software, die ausschließlich zur Werbung dient, wird als Adware bezeichnet. Sie ist unschädlich, aber lästig.

4.3.5 Hoax

Hoax kommt aus dem Englischen und meint Jux oder Scherz. Offensichtlich finden es einige Zeitgenossen lustig, das Internet mit Kettenbriefen, falschen Virenwarnungen oder sonstigem Unfug zu versorgen. Es handelt sich also um digitale Aprilscherze.

Hoaxes sind meistens unschädlich, können aber durchaus auch Schaden anrichten, wenn die Meldung User beispielsweise auffordert, bestimmte Systemdateien als vermeintliche Viren zu löschen.

4.3.6 Botnetze

Der Begriff Bot stammt von Robot, also Roboter. Gemeint sind Programme, die sich eigenständig im Internet bewegen, um Informationen zu sammeln.

Während „gutartige" Bots beispielsweise dazu dienen, neue Webseiten aufzuspüren und in die Datenbanken von Suchmaschinen einzutragen, nisten sich bösartige Varianten auf fremden Computern ein, um zum Beispiel E-Mail-Adressen oder sonstige Benutzerdaten aufzuspüren. Im schlimmsten Fall übernehmen sie die Kontrolle über den Computer, um das Gerät für eigene Zwecke zu missbrauchen. So könnte es sein, dass Sie, ohne es zu wissen, illegale Dateien zum Download anbieten oder Spam-Mails versenden.

Es gibt etliche Möglichkeiten, wie sich Bots verbreiten, z. B. über Trojaner, Würmer oder den Download scheinbar nützlicher Programme. Bots sind auch in der Lage, über einen Chat-Kanal miteinander zu kommunizieren und vom Betreiber des Botnetzes Befehle zu empfangen. Dieser hat somit die Möglichkeit, die Kontrolle über sehr viele Computer zu erlangen und diese für seine Zwecke zu missbrauchen.

4.3.7 Ransomware

Eine besonders fiese Variante ist Schadsoftware, die sämtliche Daten der Festplatte verschlüsselt. Danach erscheint eine Meldung, die zur Zahlung eines Lösegeldes auffordert, um hierdurch die Entschlüsselung zu erkaufen.

Dieser Forderung sollte nicht nachgekommen werden, da die Entschlüsselung auch nach der Zahlung in der Regel nicht erfolgt. Glück hat, wer auf ein aktuelles Backup zurückgreifen und seine Daten wiederherstellen kann.

4.4 Schutzmaßnahmen

4.4.1 Gefahrenquelle E-Mail

E-Mails sind die mit Abstand größte Gefahr für die Infektion eines Rechners mit einem Virus, Wurm oder Trojaner.

Dateianhänge (Attachments)
Der Grund für die große Gefahr durch E-Mails sind nicht die Textdateien selbst, sondern Dateianhänge (Attachments), da diese Dateien ausführbaren Code enthalten können. Die wichtigste Regel im Umgang mit E-Mail-Anhängen lautet deshalb:

Dateianhänge

Öffnen Sie keine Dateianhänge, wenn es sich um ausführbare Dateien handelt, z. B. .exe, .com, .scr, .pif, .php, .js, .dll, .bat oder .vbs.

Da sich Dateiendungen bekannter Dateitypen unter Windows ausblenden lassen, sind die Dateiendungen unter Umständen gar nicht sichtbar.

Ein anderer Trick besteht darin, dass eine Datei eine falsche Dateiendung vorgibt: Hinter der Datei *brief.txt.vbs* verbirgt sich scheinbar eine Textdatei, tatsächlich aber ein VisualBasic-Script.

Leider kann aus der Absenderadresse der E-Mail längst nicht mehr gefolgert werden, ob die Mail vertrauenswürdig ist oder nicht. Grund ist die bereits erwähnte Verbreitung von Würmern unter Zuhilfenahme des Adressverzeichnisses. Die E-Mail eines Freundes mit einem durchaus plausibel klingenden Betreff kann also eine Falle sein und nach dem Doppelklick auf den Anhang ist es zu spät …

Wichtigste Maßnahme zur Vermeidung von Infektionen ist eine gesunde Skepsis gegenüber allen eingehenden Daten.

Spam-Mails
Über die Hälfte aller E-Mails sind Spam! Der Anteil an Spam-Mails in Unternehmen lag im April 2018 bei 55 % (Quelle: https://de.statista.com), der damit verbundene wirtschaftliche Schaden geht in die Milliarden. Dennoch sind Spam-Mails, wenn es sich um reine Textdateien ohne Dateianhang handelt, zwar lästig, aber ungefährlich.

Die wichtigste Maßnahme gegen Spam ist, zu verhindern, dass Ihre E-Mail-Adresse in Spamlisten gelangt. Vor allem auf Webseiten, die automatisch nach gültigen E-Mail-Adressen durchsucht werden, sollten Sie Ihre E-Mail-Adresse nicht platzieren. Ist die Angabe einer Kontaktadresse auf einer Website erwünscht oder erforderlich, sollte dies codiert erfolgen, z. B. durch Ersetzen des @-Zeichens (name[at]firma[dot]de) oder indem die Adresse als Grafik gespeichert wird. Sicherer ist es, die Adresse zum Beispiel mit JavaScript zu verschlüsseln.

Phishing-Mails
E-Mails mit dem Ziel, Zugangsdaten zu eBay, Homebanking o. Ä. auszuspionieren, werden als Phishing-Mails bezeichnet. Durch eine plausibel klingende Mail wird der Nutzer dazu veranlasst, einen Textlink anzuklicken, der auf eine vermeintlich seriöse Seite führt. Dort wird er aufgefordert, sich beim jeweiligen Dienst anzumelden – schon sind die Zugangsdaten erfasst. Die wichtigste Regel bei Links in E-Mails lautet:

Links

Seien Sie vorsichtig beim Anklicken von Links in E-Mails, selbst wenn die Absender scheinbar seriös sind. Im Zweifelsfall lieber nicht anklicken und telefonisch rückfragen.

Spam

Der Begriff bezeichnete ursprünglich englisches Dosenfleisch, das trotz Lebensmittelknappheit während des 2. Weltkrieges überall verfügbar war. Der Begriff wurde später auf Mails übertragen, die ebenfalls überall „verfügbar" waren.

Wegwerf-Mails
Wer eine E-Mail-Adresse angeben muss, aber hierfür seine Hauptadresse nicht verwenden möchte, kann sich im Internet für kurze Zeit eine „Wegwerf-Mail" reservieren, z. B. bei www.sofort-mail.de. Der Vorteil ist, dass es in diesem Fall egal ist, ob die Adresse in einer Spamliste landet.

Spamfilter
Auf die Flut an Spam-Mails haben alle großen E-Mail-Anbieter reagiert und schalten Spamfilter vor. Diese überprüfen alle eingehenden Mails und weisen als Spam erkannte Mails entweder zurück oder speichern sie in einem separaten Spam-Ordner ab.

Der Nachteil des Verfahrens ist, dass möglicherweise E-Mails als Spam aussortiert werden, obwohl sie kein Spam sind. Sollten Sie also einmal eine E-Mail vermissen, lohnt sich der Blick in den Spam-Ordner.

4.4.2 Sichere Passwörter

Ob bei der Hausbank, dem Telefonanbieter, bei Amazon, Booking.com, eBay oder der Krankenversicherung – fast jeder ist bei diversen Internetportalen registriert. Die Anmeldung erfolgt über Benutzername und Passwort, und hier tauchen zwei Probleme auf: Erstens sollte ein Passwort nicht mehrfach verwendet werden und zweitens sollte es möglichst lang sein, damit es nicht geknackt werden kann. Eine gängige Methode, um Passwörter auszuspähen, ist die sogenannte *Brute-Force-Attacke*: Bei dieser Methode werden einfach alle Kombinationen ausprobiert – für einen Computer kein Problem, nur eine Frage der Zeit. Nehmen wir an, dass Sie ein Passwort verwenden, das aus 6 Kleinbuchstaben besteht. Es ergeben sich 26 (Buchstaben) hoch 6 (Stellen) gleich 308.915.776 Möglichkeiten. Klingt nach viel? Ein heutiger Computer mit entsprechender Software testet beispielsweise 2 Mrd. Schlüssel pro *Sekunde*, somit ist das Passwort spätestens nach 308.915.776 / 2.000.000.000 = 0,15 Sekunden geknackt!

In der Tabelle finden Sie eine Zusammenstellung, wie sich die Sicherheit eines Passworts in Abhängigkeit von der Länge und dem verwendeten Zeichenvorrat erhöht.

Zugriffszeit auf Passwörter (max.)

Zeichen / Länge	26 a...z	36 a...z 0...9	52 a...z A...Z	62 a...z A...Z 0...9
6	0,15 s	1,1 s	9,9 s	28,4 s
7	4 s	39 s	8,6 min	29 min
8	1,7 min	23 min	7,4 h	30 h
9	45 min	14 h	386 h	1880 h
10	19,6 h	21 d	836 d	13 a
11	21 d	2 a	119 a	825 a
12	1,5 a	75 a	6197 a	51.152 a

Annahme: Computer prüft 2 Mrd Keys/s
Einheiten: s = Sekunde, min = Minute, h = Stunde, d = Tag, a = Jahr

Um sich ein Passwort merken zu können, werden häufig existierende Begriffe wie z. B. Namen verwendet. Eine „intelligente" Brute-Force-Attacke wird also zunächst alle lexikalischen Begriffen durchsuchen. Der Umkehrschluss lautet, dass ein Passwort möglichst keinen Sinn ergeben darf. Wie merkt man sich aber ein derartiges Passwort?

Ein einfacher Trick ist, dass Sie hierzu einen Merksatz verwenden, dessen Anfangsbuchstaben das Passwort ergeben, z. B. `Ib91gm2GhSuJ` für „Ich bin 91 geboren, meine 2 Geschwister heißen Sandra und Jan." Um dieses Passwort zu knacken, bräuchte obiger Computer (max.) 51.152 Jahre, so dass Sie beruhigt schlafen können …

4.4.3 Verschlüsselung

Es ist wie bei den berühmten Vorsätzen an Silvester: Wir möchten etwas verändern, aber wir tun es nicht (oder zumindest nicht lange).

Und so weiß vermutlich jeder von Ihnen, liebe Leserinnen und Leser, dass zumindest alle Dateien mit personenbezogenen Inhalten nicht einfach auf der Festplatte oder – noch schlimmer – in einem Cloud-Speicher liegen sollten. Doch wer von Ihnen speichert diese Dateien verschlüsselt ab?

Dabei ist Verschlüsselung im Grunde genommen einfach und im Internet finden Sie hierfür geeignete und dennoch kostenfreie Programme. Wir stellen Ihnen hier die Software *VeraCrypt* vor, die für *Windows* und *macOS* zur Verfügung steht. Sie finden Sie beispielsweise bei www.chip.de oder www.heise.de. Das Tutorial bezieht sich auf die Windows-Version, die Vorgehensweise unter *macOS* ist jedoch analog.

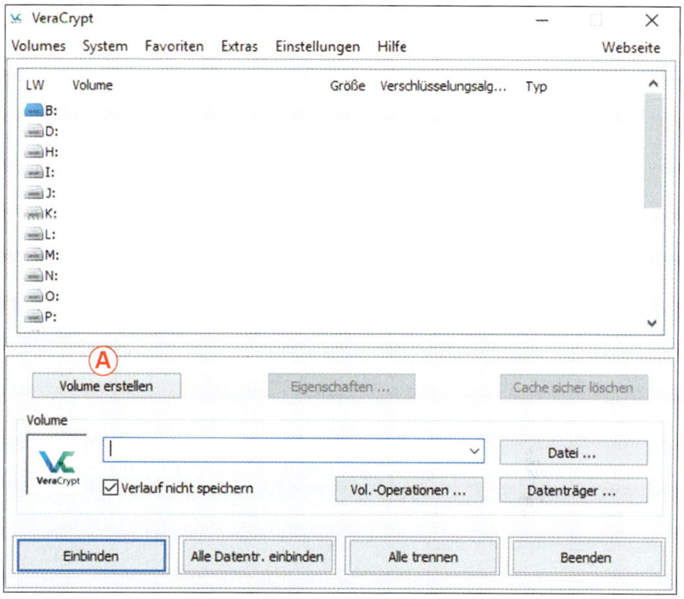

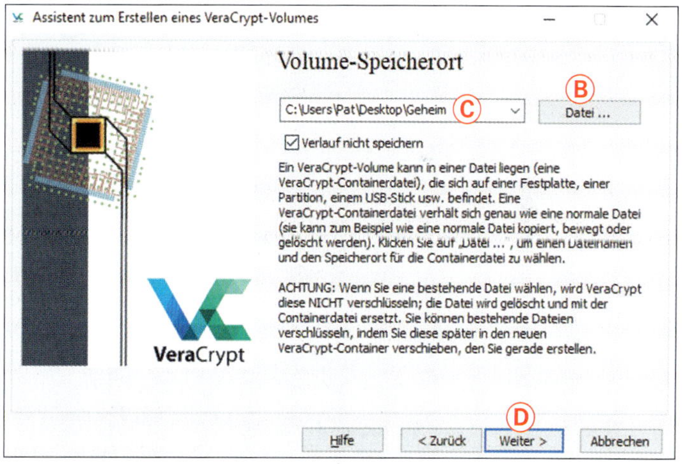

Container erstellen – Making of...

1 Starten Sie *VeraCrypt*. Falls bei Ihnen die Benutzeroberfläche auf Englisch angezeigt wird, können Sie dies im Menü *Settings > Language... > Deutsch* ändern.

2 Klicken Sie auf *Volume erstellen* **A**. In diesem Tutorial erstellen wir eine sogenannte Containerdatei. Belassen Sie es deshalb bei der Vorauswahl „Eine verschlüsselte Containerdatei erstellen" und klicken Sie zweimal auf *Weiter*.

3 Klicken Sie auf *Datei...* **B**. Wählen Sie den Speicherort aus und geben Sie dem Container einen Namen (hier: Geheim). Schließen Sie mit *Speichern* ab. Der Pfad zur Containerdatei ist nun zu sehen **C**. Klicken Sie auf *Weiter* **D**.

4 Im nächsten Fenster können Sie den Algorithmus wählen, mit dem verschlüsselt wird. Belassen Sie es bei den Einstellungen und klicken Sie auf *Weiter*.

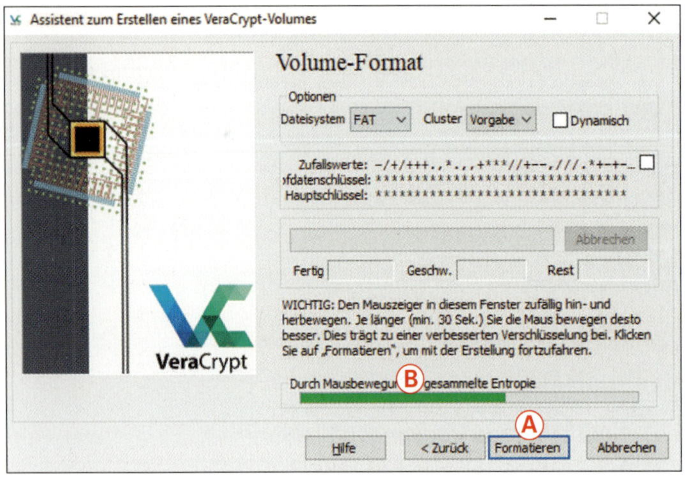

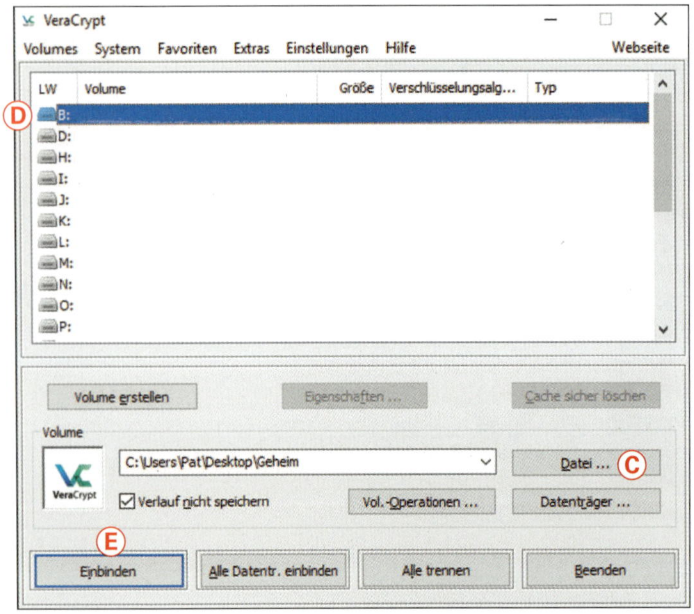

5 Die Dateigröße hängt von der Anzahl und Größe der Dateien ab, die Sie im Container verschlüsseln wollen. Geben Sie einen ausreichenden Wert in Kilobyte (KB), Megabyte (MB), Gigabyte (GB) oder Terabyte (TB) ein (siehe auch Seite 8). Bestätigen Sie mit *Weiter*.

6 Vergeben Sie nun, wie im letzten Abschnitt beschrieben, ein sicheres Passwort für Ihren Container.

7 Im letzten Fenster werden Sie dazu aufgefordert, die Maus zu bewegen. Hierdurch wird ein Zufallsschlüssel generiert. Schließen Sie mit *Formatieren* **A** ab, wenn der Balken **B** grün erscheint. Die Containerdatei wird nun erstellt und an dem unter Punkt 3 angegebenen Speicherort gespeichert.

Auf Container zugreifen – Making of…
Damit Sie Dateien in der (verschlüsselten) Containerdatei platzieren oder darauf zugreifen können, muss dieser ein Laufwerk zugewiesen werden.

1 Klicken Sie auf *Datei…* **C** und wählen Sie Ihre Containerdatei aus.

2 Wählen Sie einen beliebigen Laufwerkbuchstaben **D**, hier: B:\.

3 Klicken Sie auf *Einbinden* **E**, danach werden Sie aufgefordert, das Passwort einzugeben. Nach kurzer Zeit ist der Vorgang abgeschlossen. Etwas irritierend ist, dass keine Erfolgsmeldung kommt!

4 Schließen Sie *VeraCrypt* nicht! Wechseln Sie zum *Windows Explorer* (bzw. *Finder* unter *macOS*): Sie sehen nun Laufwerk **F** und können dort ihre Dateien ablegen bzw. darauf zugreifen.

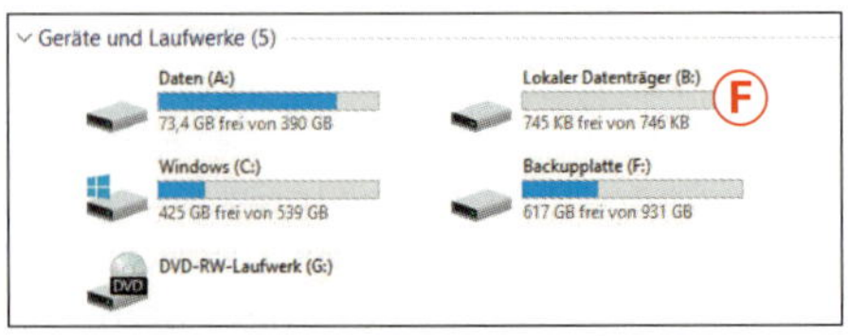

Container trennen – Making of…
Um die Containerdatei wieder zu verschlüsseln, muss sie lediglich vom Laufwerk getrennt werden.

1 Wechseln Sie zu *VeraCrypt*.

2 Klicken Sie links unten auf *Trennen*. Das Laufwerk wird entfernt und Ihre Dateien sind nun in der Containerdatei verschlüsselt.

3 Beenden Sie *VeraCrypt*.

4.4.4 Antiviren-Software

Windows 10
Die gute Nachricht für Windows-10-User ist, dass Microsoft mit seinem Betriebssystem *Windows 10* das Sicherheitskonzept deutlich erweitert und verbessert hat. Das mit dem Betriebssystem installierte *Windows Defender Security Center* kann sich hinsichtlich Leistungsfähigkeit durchaus mit kostenpflichtigen Alternativen messen.

– Making of…

1 Klicken Sie auf das Windows-Icon links unten und wählen Sie ⚙ > *Update und Sicherheit > Windows-Sicherheit > Viren- und Bedrohungsschutz*.

2 Aktivieren Sie unter *Einstellungen für Viren- & Bedrohungsschutz* **A** unbedingt den *Echtzeitschutz*, damit auf neue Schadsoftware auch sofort reagiert werden kann.

3 Wenn Ihnen *Windows Defender* nicht ausreicht, finden Sie im Internet Vergleichstests für Antiviren-Software und können sich für eine Alternative entscheiden.

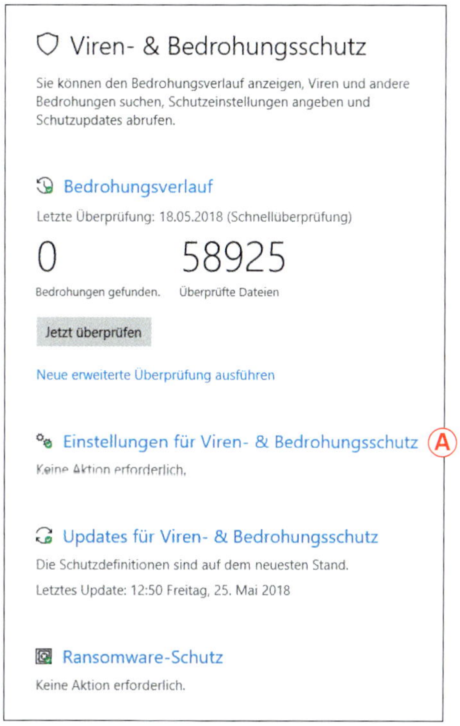

macOS
Die gute Nachricht für die Apple-Gemeinde ist, dass es hier deutlich weniger Angriffe gibt als bei *Windows*. Dies liegt daran, dass bei Apple Hard- und Software von einer Firma stammen und deren Zusammenspiel somit deutlich besser kontrolliert werden kann.

Dennoch gibt es auch Malware, die auf Apple-Computer abzielt, und Apple reagiert deshalb ebenfalls mit Schutzmaßnahmen. So prüft *Gatekeeper* beispielsweise, ob eine App von einem zertifizierten Anbieter stammt und verhindert andernfalls deren Installation.

Einen hauseigenen Virenscanner wie bei *Windows 10* gibt es bei *macOS* nicht, so dass es durchaus sinnvoll ist, hier auf eine Alternative zurückzugreifen, z. B. *Avira Free Antivirus* oder *Avast Free Mac Security*.

Windows Defender
Das Windows Defender Security Center bietet einen umfassenden Schutz vor Malware. Der Echtzeitschutz sollte dabei unbedingt aktiviert bleiben.

Android

Bei den Betriebssystemen für Smartphones und Tablets konzentrieren sich die Angriffe bislang auf Geräte mit dem Betriebssystem *Android* von Google. Die iPhones und iPads von Apple bleiben weitgehend verschont, weil hier wie bei den Desktop-Geräten Hard- *und* Software von Apple stammen und somit Sicherheitslücken besser vermieden werden können.

Schadsoftware wird bei mobilen Geräten häufig über vom Nutzer installierte Apps eingeschleust. Doch auch hier gibt es eine gute Nachricht: Die Sicherheits-App *Google Play Protect* wird mit dem Betriebssystem automatisch installiert und aktualisiert. Sie überwacht im Hintergrund die Installation von Apps. Den Gerätezustand **A** können Sie folgendermaßen überprüfen:

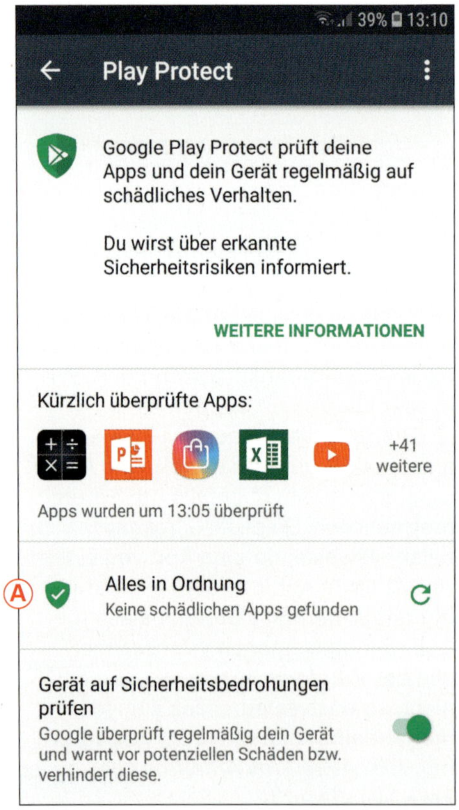

Google Play Protect

Die App wird auf Android-Geräten automatisch installiert und überwacht im Hintergrund, ob Apps schädlich sein könnten.

– Making of …

1 Öffnen Sie die App *Google Play Store*.

2 Tippen Sie auf die „Hamburgernavigation" (drei Balken) links oben.

3 Scrollen Sie nach unten und tippen Sie auf *Play Protect* (siehe Screenshot links).

4.4.5 Firewall

Die Funktion einer Firewall (dt.: Brandschutzmauer) besteht darin, das Übergreifen der Flammen auf ein Gebäude zu verhindern. Im übertragenen Sinn soll eine Firewall das Eindringen von Schädlingen in den Computer verhindern. Sie überprüft die eintreffenden Datenpakete beispielsweise hinsichtlich Quell- und Zieladresse (IP-, Portnummer) und enthält je nachdem auch einen Content-Filter, der die Inhalte z. B. auf schädlichen Code untersucht.

Sowohl *Windows 10* als auch *macOS* stellen eine Firewall zur Verfügung, die unbedingt aktiviert sein sollte.

– Making of …

1 Klicken Sie auf das Windows-Icon links unten und wählen Sie ⚙ > *Update und Sicherheit > Windows-Sicherheit > Firewall & Netzwerkschutz.*

2 Klicken Sie auf *Privates Netzwerk* und aktivieren Sie – sollte sie deaktiviert sein – die Firewall.

macOS – Making of …

1 Klicken Sie in den Systemeinstellungen auf *Sicherheit > Firewall > Firewall aktivieren.*

2 Öffnen Sie die Firewall-Optionen und markieren Sie „Alle eingehenden Verbindungen blockieren".

4.4.6 Sicherheits-Updates

Es ist ein ständiger Wettlauf: Angreifer suchen nach einer Lücke, um ins Betriebssystem einzudringen und dieses für eigene Zwecke zu missbrauchen. Wird die Lücke bekannt, bemüht sich der Betriebssystemhersteller, sie so schnell wie möglich zu schließen. Zu diesem Zweck stellt er sogenannte *Patches* bereit, die bei Bedarf automatisch installiert werden sollten. Sowohl bei *Windows 10* als auch bei *macOS* sind automatische Updates standardmäßig aktiviert. Das ist auch gut so und sollte keinesfalls geändert werden!

4.4.7 Zugriffsberechtigung

Alle heutigen Betriebssysteme unterscheiden zwischen Standardbenutzern, die eingeschränkte Rechte besitzen, und Administratoren, die den vollen Zugriff auf den Computer haben.

Als Administrator haben Sie z. B. Zugriff auf den Programmeordner und dürfen Software installieren oder löschen. Sind Sie als Administrator im Internet, kann eine Malware also ebenso mit vollem Zugriffsrecht auf Ihren Computer einwirken.

Aus diesem Grund sollten Sie auf Ihrem Computer immer mindestens zwei Benutzerkonten haben: Eines mit Administratorrecht für die Verwaltung des Computers und ein zweites ohne Administratorrecht für die tägliche Arbeit und vor allem für den Zugang ins Internet. Hinweis für dieses Tutorial: Um neue Benutzer anlegen zu können, müssen Sie sich bei *Windows 10* als Administrator anmelden, bei *macOS* genügt es, die Anmeldedaten des Administrators zu kennen.

– Making of …

1 Klicken Sie auf das Windows-Icon links unten und wählen Sie ⚙ > *Konten.*

2 Klicken Sie auf *Familie & weitere Kontakte* und danach auf das +-Symbol, um einen neuen Kontakt zu erstellen.

3 Microsoft bietet zwei Möglichkeiten, um Benutzer anzulegen: mit oder ohne Microsoft-Konto. Im ersten Fall müssen Sie sich bei Microsoft per E-Mail registrieren. Möchten Sie dies nicht, dann klicken Sie auf „Ich kenne die Anmeldeinformationen für diese Person nicht" und im nächsten Fenster auf „Benutzer ohne Microsoft-Konto anmelden".

4 Geben Sie den neuen Benutzernamen ein.

5 Geben Sie das Anmeldepasswort zweimal ein. Danach müssen Sie noch einige Sicherheitsfragen beantworten, die dazu dienen, die Anmeldung zu ermöglichen, falls das Passwort vergessen wurde.

6 Der neue Benutzer wird – wie gewünscht – als Standardbenutzer (ohne Administratorrecht) angelegt. Hinweis: Durch Anklicken von *Kontotyp ändern* können Sie dies bei

jedem Benutzerkonto nachträglich verändern. Beachten Sie aber, dass es mindestens einen Benutzer mit Administratorrecht geben muss, da Sie andernfalls keinen Zugriff mehr auf Ihren Computer haben!

macOS – Making of …

1 Klicken Sie in den Systemeinstellungen auf *Benutzer & Gruppen*.

2 Geben Sie nach Anklicken des Schloss-Symbols links unten den Administratornamen und das Administratorpasswort ein.

3 Klicken Sie auf das +-Symbol, um einen neuen Benutzer hinzuzufügen.

4 Klicken Sie auf *Neuer Account* und wählen Sie *Standard* als Art des Benutzers aus.

5 Geben Sie den Benutzernamen ein. Der Accountname wird automatisch erzeugt.

6 Geben Sie das Passwort zur Anmeldung zweimal ein.

7 Klicken Sie auf *Benutzer erstellen*.

4.4.8 Anonym surfen

Beim Surfen im Internet kommuniziert der Webbrowser im Hintergrund ständig mit dem verbundenen Webserver. Übertragen werden nicht nur die (weltweit einmalige) IP-Adresse Ihres Computers, sondern zahlreiche Browsereinstellungen.

Die Summe dieser Daten ermöglichen ein sogenanntes *Fingerprinting* (fingerprint, dt.: Fingerabdruck), also die eindeutige Identifikation Ihres Computers. Die Folge kann zum Beispiel gezielte Werbung sein. Schlimmer noch ist, wenn versucht wird, Sie durch (Fehl-)Informationen zu beeinflussen, wie z. B. in den USA im Präsidentschaftswahlkampf 2016 geschehen.

- Zur Verschleierung Ihrer IP-Adresse und der Verhinderung des Browser-Fingerprinting genügt es *nicht*, den Browser auf „Privater Modus" (Firefox) oder „Inkognito-Fenster" (Chrome) umzustellen. Hierdurch verhindern Sie lediglich, dass Benutzereingaben, z. B. Browserverlauf oder Cookies, gespeichert werden.
- Ein Browser, der das erklärte Ziel verfolgt, seine Nutzer anonym surfen zu lassen, ist *Tor* (www.torproject.org). *Tor* leitet IP-Adressen mehrfach um und verhindert so, dass sie zugeordnet werden können. Leider wird *Tor* (auch) dazu missbraucht, um Zugang ins sogenannte *Darknet* zu erhalten, weshalb er im Fokus der Behörden steht.

Tor®

- Wem *Tor* zu unheimlich ist, der kann in Browsern wie Firefox oder Chrome eine *VPN-Erweiterung* installieren. VPN steht für Virtual Private Network und dient – wie der Name sagt – dazu, eine „private" und damit von außen nicht sichtbare Verbindung zwischen Browser und VPN-Anbieter herzustellen. Letzterer stellt schließlich die Verbindung zum Webserver her.

4.4.9 Schutz mobiler Endgeräte

Es ist fraglich, ob ausreichender Datenschutz bei Smartphones oder Tablets überhaupt möglich ist. Durch die in der Regel ständige Verbindung mit dem Internet kann niemand genau sagen, welche Daten im Hintergrund, z. B. mit den amerikanischen Betriebssystemherstellern (Google, Apple, Microsoft), gesammelt werden und was mit diesen Daten letztlich geschieht. Wie Sie wissen, sind die Datenschutzgesetze in den USA wesentlich lockerer als in Europa, wo mit der neuen Datenschutz-Grundvorordnung seit 2018 strenge Vorschriften gelten.

Dennoch nutzen wir alle diese praktischen Geräte und wollen auch nicht mehr darauf verzichten. Durch eine Reihe von einfachen Maßnahmen können Sie den Schutz Ihrer Daten zumindest etwas erhohen.

iOS – Making of ...

1 Aktivieren Sie GPS nur, wenn Sie die Satellitenortung, z. B. zur Wegfindung, auch wirklich benötigen.

2 Aktivieren Sie WLAN nur in Ihrer Wohnung bzw. am Arbeitsplatz. Wie bei GPS lassen sich auch über WLAN Bewegungsprofile erstellen.

3 Aktivieren Sie Bluetooth aus demselben Grund nur bei Bedarf.

4 Sowohl Android-, Apple- als auch Windows-Geräte besitzen die Option des Datenbackups in einen Cloud-Speicher. Diese Funktion ist praktisch, falls Sie das Gerät zurücksetzen müssen oder mit Ihren Daten auf ein neues Gerät umziehen möchten. Aus datenschutzrechtlichen Gründen ist das Speichern sämtlicher Daten auf einem amerikanischen Server bedenklich und sollte unterlassen werden:

- Android: > *Sichern und wiederherstellen* > *Datensicherung* deaktivieren
- iOS: > *iCloud* > *Speicher & Backup* deaktivieren
- Windows: > *System* > *Sicherung* deaktivieren

4.4.10 Backups

Trotz aller Schutzmaßnahmen kann es jederzeit passieren, dass Sie Ihre Daten verlieren. Dabei muss es sich nicht zwingend um einen Angriff von außen handeln, denn ein Hardwaredefekt kann ebenso dazu führen, dass Sie auf Ihren Datenspeicher nicht mehr zugreifen können. Fatal ist es dann, wenn Sie über keine aktuelle Datensicherung – üblicherweise als *Backup* bezeichnet – verfügen. Regelmäßige Backups gehören zu den Pflichtaufgaben jedes Computernutzers!

Um Backups (automatisiert) durchführen zu lassen, benötigen Sie eine Software. Während Apple mit *Time Machine* eine Backup-Software bereits mit seinem Betriebssystem *macOS* ausliefert, müssen Sie bei *Windows 10* auf einen externen Anbieter zurückgreifen. Wie bei Antiviren-Programmen finden Sie aktuelle Vergleichslisten und Angebote im Internet.

Backupstrategien

Für die Auswahl einer Software ist es wichtig, dass Sie die verschiedenen Backupstrategien kennen und unterscheiden können:

Backupstrategien

Bei Backup-Software wird zwischen Vollbackup, differentiellem und inkrementellem Backup unterschieden.

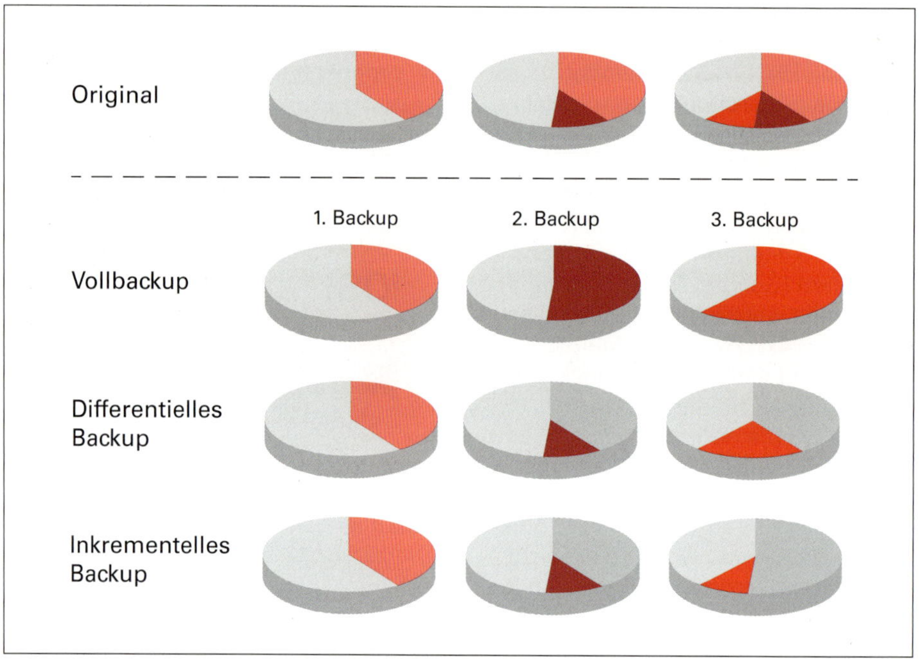

- Bei einem *Vollbackup* werden sämtliche Daten gesichert. Dies dauert bei größeren Datenmengen ziemlich lange und wird deshalb in der Regel nicht täglich, sondern vielleicht immer am Wochenende oder einmal im Monat durchgeführt werden.
- Ein *differentielles Backup* sichert nur die Daten, die sich seit dem letzten Vollbackup geändert haben. Wird z. B. an jedem Wochenende ein Vollbackup erstellt, könnte an jedem Wochentag der darauffolgenden Woche ein differentielles Backup erstellt werden.
- Ein *inkrementelles Backup* sichert noch weniger, nämlich nur neue oder veränderte Daten. Diese Strategie kann dazu genutzt werden, um Daten quasi „live" zu sichern. Bremst dies den Rechner zu sehr aus, können inkrementelle Backups auch stündlich oder täglich durchgeführt werden.

RAID

Vor allem in Firmen ist das Kopieren der Daten auf eine externe Platte nicht sicher genug. Um die Ausfallsicherheit zu erhöhen, kommen sogenannte RAID-Systeme (Redundant Array of Independent Disks) zum Einsatz.

Ein RAID-System (genauer: *RAID Level 5*) verteilt alle Daten mit Hilfe eines RAID-Controllers redundant auf (mindestens) drei Festplatten, und zwar so, dass zwei Platten genügen, um *sämtliche* Daten wiederzugewinnen. Der RAID-Controller meldet den Defekt der Platte, die dann im laufenden Betrieb ausgetauscht werden kann.

Hundertprozentige Sicherheit bietet auch dieses Verfahren nicht, da z. B. bei einem Brand die gesamte Hardware zerstört würde. Für diesen Fall sollten Sie auf eine Sicherheitskopie an einem anderen Ort zurückgreifen können.

4.5 Aufgaben

1 Datenschutz und Datensicherheit unterscheiden

a. Erklären Sie kurz den wesentlichen Unterschied zwischen Datenschutz und Datensicherheit.

b. Nennen Sie jeweils zwei Beispiele für schützenswerte Dateien.

Datenschutz:

Datensicherheit:

2 EU-Datenschutz-Grundverordnung kennen

Erklären Sie kurz das Recht der Betroffenen auf:

a. Auskunft

b. Löschung

3 Datenschutzerklärung verwenden

a. Zählen Sie vier mögliche Inhalte einer Datenschutzerklärung auf Webseiten auf.

1.

2.

3.

4.

b. Wo muss sich die Datenschutzerklärung auf der Website befinden?

4 Malware unterscheiden

Erklären Sie den Schaden, den die genannte Software anrichten kann:

a. Spyware

b. Ransomware

c. Phishing-Mail

d. Botnetz

5 Sichere Passwörter verwenden

Ein Passwort lautet: `WfjJad24.D!`
(Weihnachten fällt jedes Jahr auf den 24. Dezember!)
Berechnen Sie die max. Zeit in Jahren, bis es entschlüsselt ist, wenn mit 2,5 Mrd. Keys/s angegriffen wird.
Hinweis: Rechnen Sie mit 64 unterschiedlichen Zeichen (a bis z, A bis Z, 0 bis 9, Punkt (.) und Ausrufezeichen (!).

6 Funktion einer Firewall kennen

Erklären Sie die Funktion einer Firewall.

7 Zugriffsrechte verstehen

a. Erklären Sie den Unterschied zwischen Standardbenutzer und Administrator.

b. Begründen Sie, weshalb die standardmäßige Nutzung eines Computers immer *ohne* Administratorrecht erfolgen sollte.

8 Möglichkeiten des anonymen Surfens kennen

Nennen Sie zwei Möglichkeiten, um im Internet möglichst unerkannt zu bleiben.

1.

2.

9 Backupstrategien verstehen

In einer Firma wird am Sonntag ein Vollbackup durchgeführt.
In der darauffolgenden Woche werden folgende Projekte durchgeführt und gespeichert:

- Montag: Projekt 1
- Dienstag: Projekt 2
- Mittwoch: keine neuen Daten
- Donnerstag: Projekt 3
- Freitag: Projekt 4

a. Die Datensicherung erfolgt täglich differentiell. Geben Sie die Projekte an, die gesichert werden:

Montag:

Dienstag:

Mittwoch:

Donnerstag:

Freitag:

b. Die Datensicherung erfolgt täglich *inkrementell*. Geben Sie die Projekte an, die gesichert werden:

Montag:

Dienstag:

Mittwoch:

Donnerstag:

Freitag:

10 Datensicherung über RAID (Level 5) verstehen

Erklären Sie das Speicherprinzip bei RAID (Level 5).

5.1 Lösungen

5.1.1 Digitale Daten

1 Technische Entwicklungen beschreiben

a. Industrie 4.0: Vernetzung und Kommunikation aller an einer Produktion beteiligten Komponenten.
b. Internet der Dinge: Ausstattung alltäglicher Gegenstände mit einem Mikroprozessor und Internetzugang.
c. Augmented Reality: Kombination von realen Objekten mit virtuellen Informationen.

2 Big Data verstehen

a. Big Data bezeichnet das Sammeln, Speichern und Auswerten großer Datenmengen, z. B. über Nutzer.
b. Die Auswertung von Benutzerprofilen führt zur Benachteilung z. B. bei der Wohnungssuche, Arbeitsplatzsuche oder bei der medizinischen Versorgung.

3 Digitalisierung verstehen

[2] CDD-Sensor verteilt Licht auf Pixelmatrix.

[1] Licht gelangt auf CCD-Sensor.

[6] Digitalisierte Messwerte werden binär codiert.

[5] Elektrische Spannungen werden digitalisiert.

[7] Binär codierte Messwerte werden gespeichert.

[4] Lichtanteile werden in elektrische Spannungen gewandelt.

[3] Jedes Pixel teilt Licht in roten, grünen und blauen Anteil auf.

4 Die binäre Arbeitsweise eines Computers verstehen

Die elektronischen Schalter des Computers können genau zwei Schaltzustände – Ein oder Aus – annehmen. Mit den Ziffern 0 und 1 lassen sich diese Schaltzustände als Zahlen speichern.

5 Funktionsweise eines CCD-Sensors verstehen

a. Unser Auge nimmt die Grünanteile des Lichts besser wahr als die Rot- und Blauanteile. Dies wird bei der Bayer-Matrix berücksichtigt.
b. Rot und Blau ergibt additiv Magenta.

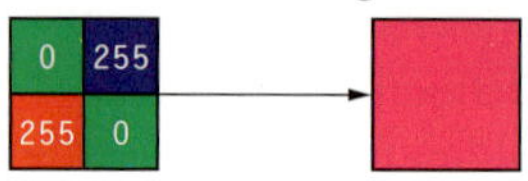

6 Binäre Einheiten kennen

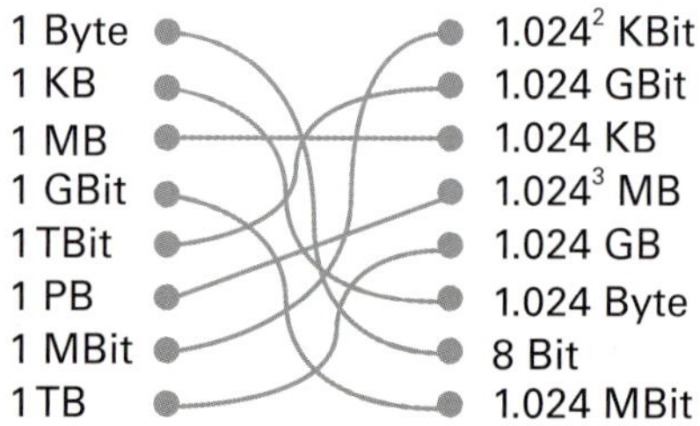

7 Mit Datenmengen und -raten rechnen

Datenmenge:

480 KB | · 1.024
= 491.520 KB | · 8
= 3.932.160 Bit

Datenrate:

650 kBit/s = 650.000 Bit/s

P. Bühler et al., *Datenmanagement*, Bibliothek der Mediengestaltung, https://doi.org/10.1007/978-3-662-55507-1

Dauer:
3.932.160 Bit : 650.000 Bit/s
= 6,0 s

8 Mit Datenmengen rechnen

a. Videos:
175·2,5 GB = 437,5 GB
Musik:
8.500·3 MB = 25.500 MB = 24,9 GB
Bilder:
19.500·4.800 KB = 93.600.000 KB = 89,3 GB
Hörbücher:
125·65 MB = 8.125 MB = 7,93 GB
Software:
12·825 MB = 9.900 MB = 9,67 GB
Datenmenge gesamt:
569,3 GB

b. Dateien: 569,3 GB
Reserve: 1.138,5 GB
Platte: 1.707,8 GB
= 1,7 TB

c. 2-TB-Platte

9 Dezimale in binäre Zahlen umrechnen

a.
64 : 2 = 32 Rest 0
32 : 2 = 16 Rest 0
16 : 2 = 8 Rest 0
8 : 2 = 4 Rest 0
4 : 2 = 2 Rest 0
2 : 2 = 1 Rest 0
1 : 2 = 32 Rest 1
→ 1000000 b

b.
255 : 2 = 127 Rest 1
127 : 2 = 63 Rest 1
63 : 2 = 31 Rest 1
31 : 2 = 15 Rest 1
15 : 2 = 7 Rest 1
7 : 2 = 3 Rest 1
3 : 2 = 1 Rest 1
1 : 2 = 0 Rest 1
→ 11111111 b

10 Binäre in dezimale Zahlen umrechnen

a. 1000 b
$= 0 \cdot 2^0 + 0 \cdot 2^1 + 0 \cdot 2^2 + 1 \cdot 2^3$
= 8

b. 11111111 b
$= 1 \cdot 2^0 + 1 \cdot 2^1 + 1 \cdot 2^2 + 1 \cdot 2^3 +$
$1 \cdot 2^4 + 1 \cdot 2^5 + 1 \cdot 2^6 + 1 \cdot 2^7$
= 1+2+4+8+16+32+64+128
= 255

11 Binäre in hexadezimale Zahlen umrechnen

a. $\underbrace{1100}_{12}\ \underbrace{0001}_{1}\ \underbrace{1111}_{15}\ \underbrace{0000}_{0}$ b
= C1F0 h

b. $\underbrace{1111}_{15}\ \underbrace{1010}_{10}\ \underbrace{0010}_{2}\ \underbrace{0100}_{4}$ b
= FA24 h

12 Hexadezimale in binäre Zahlen umrechnen

a. ABCD h
$= 13 \cdot 16^0 + 12 \cdot 16^1 + 11 \cdot 16^2 + 10 \cdot 16^3$
= 13+192+2.816+40.960
= 43.981 d

1234 h
$= 4 \cdot 16^0 + 3 \cdot 16^1 + 2 \cdot 16^2 + 1 \cdot 16^3$
= 4+48+512+4.096
= 4.660 d

13 Zeichen ASCII-codieren

Beispiel: Patrick
P: 50 h = 01010000 b
a: 61 h = 01100001 b
t: 74 h = 01110100 b
r: 72 h = 01110010 b
i: 69 h = 01101001 b
c: 63 h = 01100011 b
k: 6B h = 01101011 b

14 Farbanzahl bestimmen

a. 2^{24} = 16,78 Mio
b. 2^{1} = 2
c. 2^{8} = 256

15 Vektor- und Pixelgrafiken unterscheiden

a. Als Pixelgrafik wird die Farbe jedes Pixels gespeichert.
   Als Vektorgrafik werden die Koordinaten, die Konturfarbe und -stärke von Quadrat und Linie gespeichert.
b. Die Vektorgrafik kann verlustfrei vergrößert oder verkleinert werden.

16 CMYK-Werte von Farben angeben

C	M	Y	K
C:100%	M:0%	Y:0%	K:0%
C:100%	M:0%	Y:100%	K:0%
C:0%	M:100%	Y:100%	K:0%
C:0%	M:0%	Y:0%	K:0%

17 RGB-Werte von Farben angeben

#FF0000
rgb(255,0,0)
#FF00FF
rgb(255,0,255)
#000000
rgb(0,0,0)

18 Datenmenge von Sound berechnen

Ein Song der Länge 3 min 20 s wird mit 48 kHz, 16 Bit und in Stereo digitalisiert. Berechnen Sie die (unkomprimierte) Datenmenge in MB.

```
48.000Hz·16Bit·2·200s
  = 307.200.000 Bit
  = 38.400.000 B
  = 37.500 KB
  = 36,6 MB
```

19 Farbunterabtastung erklären

Helligkeiten werden besser unterschieden als Farben, so dass Farben reduziert werden können.

20 Bedeutung des Codecs bei der Videodigitalisierung erklären

a. Codec (von Kompression – Dekompression) ist ein Algorithmus zur Reduktion von Videodaten.
b. Räumliche Kompression: Datenreduktion im einzelnen Bild
   Zeitliche Kompression: Datenreduktion zwischen den Bildern

21 Bilddaten komprimieren

Möglichkeit 1: Pixel gleicher Farbe je Zeile abzählen und den Farbwert nur einmal speichern
Möglichkeit 2: Pixel gleicher Farbe im Bild zählen und häufigen Farben kürzere Codes geben als seltenen Farben

22 Audio komprimieren

Bei sich überlagernden Frequenzen werden nicht alle gehört. Nicht hörbare Frequenzen werden weggelassen.

23 Video komprimieren

Bei MPEG werden Bilder in Gruppen (GoP) aufgeteilt, die aus I-, P- und B-Frames bestehen. I-Frames werden vollständig gespeichert, P- und B-Frames werden durch Interpolation berechnet.

5.1.2 Dateien

1 Dateien korrekt benennen

Zulässige Dateinamen sind:
- brief.doxc
- brief an oma.doc
- Opa_Gustav.txt
- Papa Klaus-Dieter.rtf

2 Dateiformate im Printworkflow kennen

Die Lösung finden Sie auf Seite 39.

3 Unterschiede der Betriebssysteme kennen

	a.	b.	c.	d.	e.
Windows 10	x			x	
macOS	x				x

4 Dateien richtig benennen

a. Webanwendungen laufen häufig auf Server mit unixbasiertem Betriebssystem. Diese unterscheiden zwischen Groß- und Kleinschreibung.
b. Buchstaben:
   a – z, A – Z (keine Umlaute, kein ß)
   Ziffern:
   0 – 9
   Sonderzeichen:
   – oder _

5 Funktion der Dateiendung verstehen

Bei Windows 10 erfolgt eine Zuordnung von Dateiendung zum Programm, bei macOS ist dies nicht der Fall.

6 Dateiformate zuordnen

a. Textdatei:
   .txt, .rtf
b. Bilddatei:
   .tif, .png, .bmp, .psd, .jpg
c. Sounddatei:
   .wav, mp3, .aac
d. Videodatei:
   .mov, .mp4

7 Dateiformate im Digitalworkflow kennen

Die Lösung finden Sie auf Seite 39.

8 Bild- und Grafikformate zuordnen

	a.	b.	c.	d.
TIF	x			x
EPS	x			x
PSD	x		x	
GIF		x		
AI	x		x	
SVG		x		x
PNG		x		
JPG		x		(x)

9 Proprietäre Formate von Austauschformaten unterscheiden

Proprietäre Formate:
- INDD: Adobe InDesign
- PSD: Adobe Photoshop
- FLA: Adobe Animate
- DOCX: Microsoft Word

10 Dateiendungen kennen

a. Adobe Photoshop .psd
b. Adobe Illustrator .ai
c. Adobe InDesign .indd
d. Adobe InDesign .idml
e. Adobe Animate .fla
f. Adobe After Effects .aex
g. Microsoft Word .doc, .docx
h. Microsoft Excel .xls, .xlsx

i. Microsoft PowerPoint .ppt, .pptx
j. Microsoft Access .accdb
k. Maxon Cinema 4D .c4d

11 Dateiendungen kennen

a. Vektorgrafiken in InDesign:
   .ai, .eps
b. Fotos in InDesign
   .psd, .tif
c. Text (importiert) in InDesign
   .txt, .doc, .docx, .rtf
d. Vektorgrafiken auf Webseiten
   .svg
e. Fotos auf Webseiten
   .jpg, .png
f. Sound auf Webseiten
   .mp3
g. Video auf Webseiten
   .mp4
h. Animation auf Webseiten
   .mp4

12 Dateiformate kennen

Dateiendung	a.	b.	c.	d.	e.
.avi			x		
.txt	x				
.otf				x	
.mp3		x			
.htm					x
.mp4			x		
.ttf				x	
.css					x
.js					x
.rtf	x				
.php					x
.aac		x			

5.1.3 Datenbanken

1 Datenbank-Fachbegriffe kennen

a.

D		C	E		
ANr	Datum	Kunde	Produkt	Menge	
1	11.11.17	Schulz	Klebstoff	3	A
2	12.01.18	Schmitt	Schere	2	← B
3	09.02.18	Wagner	Hefter	1	
4	10.03.18	Maier	Locher	1	
5	09.05.18	Huber	Ordner	5	

b. Datentypen:
   - Text (Kunde, Produkt)
   - Datum
   - Zahlen (ANr, Menge)

2 Datenbank normalisieren

a. Mehrere Einträge (Vor- und Nachname in einer Zelle, Inkonsistenz durch unterschiedliche Schreibweise der Namen, Redundanz durch mehrfache Abteilungen
b. Die Lösung finden Sie auf der rechten Seite oben.
c. Die Lösung finden Sie auf der rechten Seite oben.

3 Datenbanken entwerfen

a. Datenkonsistenz:
   Alle Daten müssen widerspruchsfrei sein.
b. Redundanzfreiheit:
   Alle Daten werden nur ein einziges Mal gespeichert.

4 ER-Modell kennen

a. Das ER-Modell ermöglicht den systematischen Datenbankentwurf mit Hilfe einer grafischen Darstellung.

Lösung zu 2b.

Nachname	Vorname	Abteilung	Telefon	E-Mail
Müller	Bernd	Geschäftsleitung	1701-0	info@media.de
Schwarz	Stefan	Vertrieb	1701-10	vertrieb@media.de
Maier	Petra	Vertrieb	1701-10	vertrieb@media.de
Stöckle	Bernd	Produktion	1701-11	produktion@media.de
Maier	Bert	Produktion	1701-11	produktion@media.de
Klinger	Beate	Kunden	1701-12	kunden@media.de

b. 1:1-Beziehung: Mensch – Fingerabdruck (Ein Mensch besitzt genau einen Fingerabdruck. Ein Fingerabdruck gehört zu genau einem Menschen.)
1: n-Beziehung: Vater – Kind (Jedes Kind besitzt genau einen Vater. Ein Vater kann ein oder mehrere Kinder haben.)
m:n-Beziehung: Fahrer – Autos (Ein Fahrer kann mehrere Autos fahren. Ein Auto kann von mehreren Fahrern benutzt werden.)

c. m:n-Beziehungen ermöglichen keine eindeutige Zuordnung von Attributen. Maßnahme: Auflösung in zwei 1: n-Beziehungen.

Lösung zu 2c.

abteilung			
Abt-Nr	Abteilung	Telefon	E-Mail
1	Geschäftsleitung	1701-0	info@media.de
2	Vertrieb	1701-10	vertrieb@media.de
3	Produktion	1701-11	produktion@media.de
4	Kunden	1701-12	kunden@media.de

mitarbeiter			
Mit-Nr	Vorname	Nachname	Abt-Nr
1	Bernd	Müller	1
2	Stefan	Schwarz	2
3	Petra	Maier	2
4	Bernd	Stöckle	3
5	Bert	Maier	3
6	Beate	Klinger	4

5 Datenbank normalisieren

a. Inkonsistenz: Es gibt zwei unterschiedliche Kunden „Eberle“, Mehrfachnennung von Produkten in einer Datenzelle.
Redundanz: Anschrift der Kunden kommt mehrfach vor.

b. (Mögliche) Umwandlung in die 2. Normalform siehe unten.

Lösung zu 5b.

artikel	
Art-Nr.	Produkt
1	Ski
2	Schlittschuhe
3	Laufschuhe
4	Stöcke
5	Tennisschläger
6	Trikot
7	Golfschläger

auftraege			
Auf-Nr.	Datum	Kd-Nr.	Art-Nr.
1	01.01.18	1	1
1	01.01.18	1	4
2	11.01.18	2	2
3	12.02.18	3	3
3	12.02.18	3	6
4	13.02.18	4	5
5	14.05.18	5	5
6	21.05.18	2	1
7	26.05.18	3	7
7	26.05.14	3	6

kunden					
Kd-Nr.	Kunde	Strasse	Nr.	Plz	Ort
1	Schulz	Hauptstraße	13	77960	Seelbach
2	Müller	Mühlgasse	1	77933	Lahr
3	Dreher	Gartenstraße	15	76133	Karlsruhe
4	Eberle	Mozartstraße	11	79540	Lörrach
5	Eberle	Vogelsang	12	79104	Freiburg
6	Wagner	Rennweg	2	79104	Freiburg

6 ER-Modell anwenden

Die Grafik zeigt einen Lösungsvorschlag, andere Lösungen sind möglich.

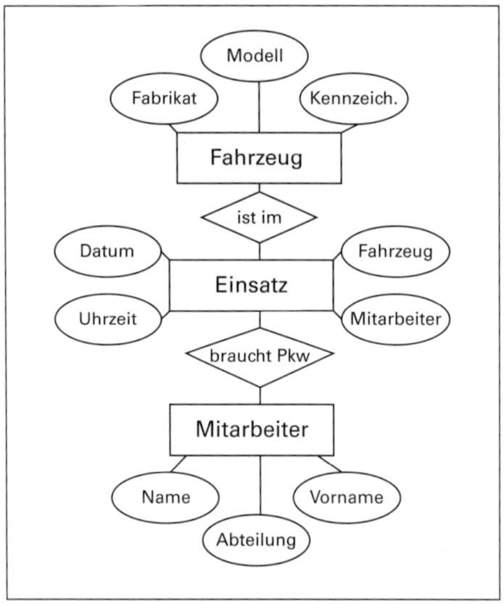

7 SQL-Befehle anwenden

Hinweis: Die SQL-Befehle sind zur besseren Lesbarkeit auf mehrere Zeilen verteilt. Sie können auch in eine Zeile geschrieben werden.

a.
```
SELECT *
FROM kunden;
```
b.
```
SELECT *
FROM kunden
ORDER BY “Ort“;
```
c.
```
SELECT *
FROM kunden
WHERE Name=“Eberle“;
```
d.
```
INSERT INTO kunden
(Name, Vorname, Strasse,
Plz, Ort, Telefon) VALUES
(“Schmitt“,“Isabel“, “Mattweg
12“,“77933“,“Lahr“, “07821
335566“);
```
Hinweis: Angenommen wurde, dass es sich bei sämtlichen Attributen um Text handelt und dass die Kundennummer automatisch erstellt wird.

e.
```
UPDATE kunden
SET Telefon =“07621 98877“
WHERE KNr = 4;
```
f.
```
DELETE FROM kunden
WHERE KNr = 2;
```

8 Referenzielle Integrität kennen

Referenzielle Integrität verhindert Widersprüche und Fehler in der DB. Beispiel: Löschen eines Kunden aus einer Kundentabelle ist nicht möglich, wenn dieser mit einer Auftragstabelle verbunden ist.

9 Datenbank entwerfen

a. Zwischen den Tabellen besteht eine m:n-Beziehung. Diese ermöglicht keine eindeutige Zuordnung zwischen Tabellen.

b.

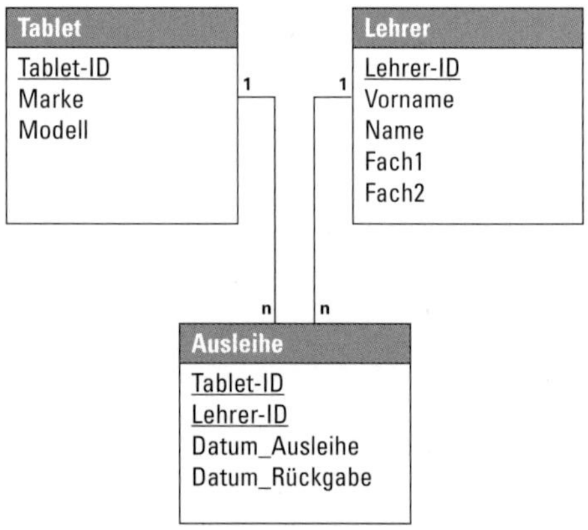

10 Access-Abfragen verstehen

a.

Art	Name	Alter
Hund	Charly	4
Hund	Hasso	5

b.

Art	Anzahl
Meerschweinchen	4
Hund	4
Maus	3
Katze	3
Hamster	1

c.

Art	Max
Maus	3
Meerschweinchen	4

5.1.4 Datenschutz und Datensicherheit

1 Datenschutz und Datensicherheit unterscheiden

a. Datenschutz bezieht sich auf personenbezogene Daten, während sich Datensicherung auf Datenverlust aller Art bezieht.
b. Datenschutz: Steuererklärung, Brief an Versicherung, Foto meiner Freunde
Datensicherheit: InDesign-Datei dieses Kapitels, MP3-Song, Tier-Foto

2 EU-Datenschutz-Grundverordnung kennen

a. Behörden oder Unternehmen müssen auf Anfrage mitteilen, welche personenbezogene Daten gespeichert sind.
b. Behörden oder Unternehmen müssen personenbezogene Daten auf Wunsch oder nach bestimmten Fristen löschen.

3 Datenschutzerklärung verwenden

a. Informationen in Logfiles, Cookies, statistische Auswertung z. B. durch-Google Analytics, Links zu Facebook, Twitter usw.
b. Leicht auffindbar und von überall aus erreichbar

4 Malware unterscheiden

a. Spyware: Ausspähen von Benutzerinformationen
b. Ransomware: Verschlüsselung der Dateien mit dem Ziel der Erpressung
c. Phishing-Mail: Abgreifen von Zugangsdaten z. B. zum Konto

d. Botnetz: Fernsteuerung des Computer z.B. für Spam-Mails

5 Sichere Passwörter verwenden

Kombinationsmöglichkeiten:
$64^{11} = 7{,}3786976 \times 10^{19}$
Maximale Dauer:
$7{,}3786976 \times 10^{19} / 2{,}5 \times 10^{9}$
= 29.514.790.517 s
= 491.913.175 min
= 8.198.552,9 h
= 341.606,3 Tage
= 935,9 Jahre

6 Funktion einer Firewall kennen

Eine Firewall prüft sämtliche Daten an der Schnittstelle zwischen Computer und Internet.

7 Zugriffsrechte verstehen

a. Administratoren können den Computer verwalten, z. B. Benutzer anlegen und Software installieren, Standardbenutzer dürfen dies nicht.
b. Ohne Administratorrecht kann auch Schadsoftware nichts installieren.

8 Möglichkeiten des anonymen Surfens kennen

- Einsatz des Tor-Browsers

- Installation einer Browsererweiterung, die VPN ermöglicht

9 Backupstrategien verstehen

a. Montag: Projekt 1
   Dienstag: Projekte 1 und 2
   Mittwoch: Projekte 1 und 2
   Donnerstag: Projekte 1 bis 3
   Freitag: Projekte 1 bis 4
b. Montag: Projekt 1
   Dienstag: Projekt 2
   Mittwoch: –
   Donnerstag: Projekt 3
   Freitag: Projekt 4

10 Datensicherung über RAID (Level 5) verstehen

Die Daten werden so auf den drei Platten verteilt, dass auf jeweils zwei Platten sämtliche Daten sind.

5.2 Links und Literatur

Links

Weitere Informationen zur Bibliothek der Mediengestaltung:
www.bi-me.de

Portal mit umfassenden Informationen zu Datenschutz und Datensicherheit:
www.datenschutz.org

EU-Datenschutz-Grundverordnung:
www.datenschutz-grundverordnung.eu

SQL-Tutorial:
www.w3schools.com

Literatur

Joachim Böhringer et al.
Kompendium der Mediengestaltung
II. Medientechnik
Springer Vieweg 2014
ISBN 978-3642545849

Peter Bühler et al.
AV-Medien: Filmgestaltung – Audiotechnik – Videotechnik (Bibliothek der Mediengestaltung)
Springer Vieweg 2018
ISBN 978-3662546048

Peter Bühler et al.
Crossmedia Publishing: Single Source – XML – Web-to-Print (Bibliothek der Mediengestaltung)
Springer Vieweg 2019
ISBN n.n.

Peter Bühler et al.
Digitales Bild: Bildgestaltung - Bildbearbeitung - Bildtechnik (Bibliothek der Mediengestaltung)
Springer Vieweg 2017
ISBN 978-3662538920

Peter Bühler et al.
Webtechnologien: JavaScript – PHP – Datenbank (Bibliothek der Mediengestaltung)
Springer Vieweg 2018
ISBN 978-3662547298

5.3 Abbildungen

S2, 1: CC0, https://pixabay.com/de/industrie-industrie-4-0-2692459 (Zugriff: 25.03.2018)
S3, 1: CC0, https://pixabay.com/de/augmented-reality-medizinische-3d-1957411 (Zugriff: 25.03.2018)
S5, 1: https://pixabay.com/de/stanserhorn-vierwaldst%C3%A4tter-see-see-3014289/ (Zugriff: 25.03.2018)
S5, 2: Autoren
S6, 1: Autoren
S7, 1: https://pixabay.com/de/stanserhorn-vierwaldst%C3%A4tter-see-see-3014289/ (Zugriff: 25.03.2018)
S7, 2: Autoren
S8, 1: Autoren
S13, 1: https://unicode-table.com/de/263A (Zugriff: 01.04.2018)
S15, 1: Autoren
S18, 1: Autoren
S20, 1: Autoren
S21, 1: Autoren
S22, 1: Autoren, Foto: CC0, https://www.pexels.com/photo/animal-pet-fur-head-33537/ (Zugriff: 01.04.2018)
S23, 1: Autoren
S24, 1, 2: Autoren
S25, 1: Foto: CC0, https://www.pexels.com/photo/attraction-building-city-hotel-415999/ (Zugriff: 01.04.2018)
S26, 1a, 1b, 2a, 2b: Foto: CC0, https://www.pexels.com/photo/attraction-building-city-hotel-415999/ (Zugriff: 01.04.2018)
S28, 1: Foto: CC0, https://www.pexels.com/photo/white-and-red-virgin-australia-airplane-mid-air-under-blue-and-white-sky-during-daytime-105831/ (Zugriff: 11.02.2018)
S29, 1: Autoren
S33, 1: Autoren
S35, 1: Autoren
S37, 1a: Windows-10-Logo: Microsoft (Zugriff: 15.02.2018)
S37, 1b: www.sxc.hu/anitab000 (Zugriff: 15.03.2017)
S37, 2: macOS-Logo: Apple (Zugriff: 15.02.2018)
S37, 3: Autoren
S38, 1a–1d: Logos: Microsoft, Apple, Google
S39, 1, 2: Autoren, Programm-Icons: Adobe, Microsoft, Linotype (Zugriff: 15.02.2018)
S46, 1: Autoren, Programm-Icons: Adobe, Microsoft (Zugriff: 15.02.2018)
S47, 1: Autoren, Programm-Icons: Adobe, Microsoft (Zugriff: 15.02.2018)
S50, 1: CC0, https://pixabay.com/de/monitor-bin%C3%A4r-bin%C3%A4rsystem-computer-1307227/ (Zugriff: 01.06.2018)
S51, 1: Autoren
S53, 1: Autoren
S54, 1: Autoren
S55, 1: Autoren
S56, 1: Autoren
S57, 1: Autoren
S58, alle: Autoren
S59, alle: Autoren
S60, 1a, 1b, 2a, 2b: Autoren
S61, 1: Autoren
S64, 1: Filmcover: https://www.tvspielfilm.de/bestefilme/ (Zugriff: 15.08.2018)
S65, 1: Autoren
S68, 1: Autoren
S81, 1, 2, 3: CC0, https://de.wikipedia.org (Zugriff: 28.05.2018)
S82, 1: https://www.mercedes-benz.de (Zugriff: 28.05.2018)
S83, 1: https://threatmap.checkpoint.com/ThreatPortal/livemap.html (Zugriff: 28.05.2018)
S85, 1: Mike Mozart, https://www.flickr.com/photos/jeepersmedia/14014120505/in/album-72157644306548291/ (Zugriff: 24.05.2018)
S89, 1: Windows-Logo, Wikipedia (Zugriff: 24.05.2018)
S90, 1, 2: Android-, Windows-Logo, Wikipedia (Zugriff: 24.05.2018)
S91, 1: Windows-Logo, Wikipedia (Zugriff: 24.05.2018)
S92,1: https://media.torproject.org/image/official-images/2011-tor-logo-flat.svg (Zugriff: 26.05.2018)
S93, 1a, b, c: Android-, Apple-, Windows-Logo, Wikipedia (Zugriff: 24.05.2018)
S94, 1: Autoren

5.4 Index

S

T

U

V

W

Z